C·H·Beck
PAPERBACK

CORINE PELLUCHON

MANIFEST
FÜR DIE TIERE

Aus dem Französischen
von Michael Bischoff

C·H·BECK

Die Originalausgabe erschien auf Französisch
unter dem Titel «Manifeste animaliste»

www.chbeck.de
Umschlaggestaltung: geviert.com, Michaela Kneißl
Umschlagabbildungen: Motive von © Shutterstock
Satz: C.H.Beck.Media.Solutions, Nördlingen
Druck und Bindung: Pustet, Regensburg
Gedruckt auf säurefreiem und alterungsbeständigem Papier
Printed in Germany
ISBN 978 3 406 75709 9

myclimate

klimaneutral produziert
www.chbeck.de/nachhaltig

Die Lage ist äußerst schwierig, und wir müssen mit ihr wachsen. Sie ist neu für uns, deshalb müssen wir auf neue Art denken und handeln […].
Mitbürger, wir können der Geschichte nicht entrinnen. […] Der Weg, den wir gehen müssen, ist klar, friedlich und großzügig.

Abraham Lincoln, Rede vor dem US-Kongress zur Frage der Sklaverei am 1. Dezember 1862

INHALT

ERSTER TEIL
DIE BELANGE DER TIERE HEUTE

ZWEITER TEIL
DIE POLITISIERUNG DER TIERFRAGE

DRITTER TEIL

KONKRETE VORSCHLÄGE

ERSTER TEIL

DIE BELANGE DER TIERE HEUTE

1. Was bei der Misshandlung der Tiere auf dem Spiel steht

Unser Verhältnis zu den Tieren ist ein Spiegel, der uns zeigt, wozu wir in den letzten Jahrhunderten geworden sind. In diesem Spiegel sehen wir nicht nur die Schrecken, die unsere Spezies sich bei der Ausbeutung anderer empfindungsfähiger Lebewesen zuschulden kommen lässt, sondern auch das bleiche Gesicht einer Menschheit, die ihre Seele zu verlieren droht.

Die Käfige und Gehege, in denen Milliarden von Kaninchen, Hühnern, Enten, Truthähnen, Füchsen und Nerzen, von Mäusen und Affen, Hunden und Katzen eingesperrt sind, um Fleisch zu produzieren, zerstückelt zu werden oder als Versuchsobjekte zu dienen, die Delphinarien und Zirkusunternehmen, in denen Delphine, Elefanten und andere Wildtiere ihrer Freiheit beraubt und gezwungen werden, sich für ein wenig Futter oder aus Angst vor der Peitsche zur Schau zu stellen, sind ein Abbild unserer gemeinsamen Schande. Keine Beschreibung vermag die unendliche Tristesse wiederzugeben. Die Straßen, auf denen in Frankreich alljährlich fast zehntausend Haustiere ausgesetzt werden; die überfüllten Tierheime; die fernen Urwälder, Lunge der Erde und Heimat der Orang-Utans, die man niederbrennt, um auf diesen Flächen Palmöl zu erzeugen; die Meere, in denen die Fische sterben; die Arenen, in denen Stiere geopfert werden; die Schlachthäuser, in denen nahezu alle Tiere ihr Leben in panischer Angst beenden, selbst Neugeborene, die Jungtiere der Kühe, Schafe und Ziegen: Überall dort herrschen Unglück und Ungerechtigkeit.

In all diesen Praktiken, die dem gesunden Menschenverstand widersprechen, weil sie die Grenzen missachten, die wir unserer Nutzung von Lebewesen eigentlich auferlegen müssten, zeigt sich die Vorherrschaft des Gewinnstrebens. Die Menschen, die Tiere, die Qualität der Arbeit und die Umwelt, sie alle werden dem Profit untergeordnet. Die Normen einer globalisierten Marktwirtschaft, die eine ständige Reduzierung der Kosten verlangt, haben sich überall durchgesetzt.

Die Gewalt, die den Tieren heute in der Pelz- und Lederindustrie, in der Fischzucht, in der Fleischproduktion, in der Freizeitbranche, in der kosmetischen und pharmazeutischen Industrie angetan wird, demonstriert die Verirrungen eines Systems, das man mangels besserer Möglichkeiten als kapitalistisch bezeichnen könnte. Wir sollten uns bei der Verwendung dieses Ausdrucks allerdings hüten und uns nicht in eine Ideologie einsperren lassen, die Unternehmer und Lohnabhängige gegeneinanderstellt. Solch ein Diskurs verkennt die universelle Dimension des Tierwohls, die über politische Spaltungen hinausreicht und strategischen Charakter besitzt. Tatsächlich umfasst der Kampf für die Tiere auch andere gegen Ausbeutung gerichtete Kämpfe wie den gegen die Sklaverei oder gegen die Unterdrückung der Frauen. Zudem enthüllen die Misshandlungen, denen die Tiere ausgesetzt sind, auch zahlreiche andere Missstände in unserer Gesellschaft.

Wir müssen verstehen, was in unserem Verhältnis zu den Tieren auf dem Spiel steht, wenn wir verstehen wollen, warum wir zu so extremen Verhältnissen gelangt sind, und wenn wir zu einem anderen Entwicklungsmodell übergehen möchten, das uns auch die Chance auf einen sozialen, politischen und spirituellen Wiederaufbau bietet. Ebenso wichtig ist es, all die anthropologischen, ökonomischen und politischen Faktoren zu benennen, die den Widerstand dieses Systems erklären, das auf der grenzenlosen Ausbeutung der übrigen Lebewesen und der Herrschaft über jene Menschen basiert, die für seine Aufrechterhaltung sorgen, obwohl sie einen hohen Preis dafür zahlen.

Wenn wir den Belangen der Tiere kaum Beachtung schenken, sie wie Objekte behandeln und gleichgültig hinnehmen, dass ihr Leben von Leid geprägt ist, legen wir nicht nur einen Despotismus an den Tag, den keine Religion zu rechtfertigen vermöchte – oder allenfalls um den Preis einer widersinnigen Verwechslung des Auftrags, Sachwalter der Schöpfung zu sein, mit dem Recht, eine rücksichtslose Herrschaft über sie auszuüben. Wir amputieren auch einen wichtigen Teil unserer selbst, wenn wir die Stimme des Mitleids zum Schweigen bringen. So bezeichnen wir den angeborenen Widerwillen, den wir empfinden, wenn wir andere empfindungsfähige Lebewesen leiden sehen.

Mitgefühl und Mitleid basieren auf einer unmittelbaren, der Reflexion und der Unterscheidung zwischen dem Ich und den Anderen vorausgehenden Identifikation und setzen voraus, dass ich den Anderen als Lebewesen wahrnehme und anerkenne, und dies nicht aufgrund seiner Zugehörigkeit zu einer bestimmten Spezies, Gattung oder Familie. Mitgefühl ist weder Moral noch Gerechtigkeit, sondern deren Voraussetzung. Die Moral setzt voraus, dass ich meine Verantwortung wahrnehme; sie impliziert Wahl und Entscheidung. Auch die Gerechtigkeit, die auf Prinzipien verweist, bezieht sich auf alle Lebewesen einschließlich derer, denen ich nicht persönlich begegne, die aber dennoch meine Mitbürger sind und mit mir denselben politischen Raum teilen. Da sie nicht auf Gefühlen, sondern auf Rationalität basiert, muss sie institutionalisiert werden und stützt sich auf Gesetze, die ihr zwingenden Charakter verleihen. Aber was wären Moral und Gerechtigkeit ohne Mitleid?

Was bedeutet Moral, wenn wir das Wohlwollen auf bestimmte Lebewesen beschränken? Können wir von Gerechtigkeit sprechen, wenn wir uns an die institutionalisierte Misshandlung von Tieren gewöhnen und damit ein auf Ausbeutung basierendes System rechtfertigen? Wer die Liebe zum Nächsten predigt, der wie im Gleichnis vom guten Samariter nicht meinesgleichen ist, sondern jeder, dem ich auf meinem Wege begegnen mag, aber taub bleibt für das laute Klagen anderer Lebewesen, die schlimmstes Leid erfahren, der hat eine chauvinistische Moral.

Wenn wir dem Schicksal von Tieren, die wie wir selbst empfindende Lebewesen sind, mit Gleichgültigkeit begegnen, entmenschlichen wir uns selbst. Das *Empfindungsvermögen** (der Asterisk verweist jeweils auf das Glossar im Anhang), von Jeremy Bentham *sentience* genannt, ursprünglich als Fähigkeit definiert, zu leiden, also auf besondere Weise Schmerz, Leid, Angst und Langeweile zu empfinden, verweist auch auf die Verletzlichkeit aller Lebewesen, auf jene Passivität und Machtlosigkeit im Herzen der Macht, wie sie sich in Hunger, Ermüdung und Sterblichkeit zeigen. Und schließlich verweist das Empfindungsvermögen auf die Fähigkeit der Tiere, zu handeln und eine Wahl zu treffen (*Handlungsfähigkeit** oder *agency*). Da die Tiere die Fähigkeit besitzen, ihre in ihrer individuellen

Geschichte ausgebildeten Grundbedürfnisse und Präferenzen zum Ausdruck zu bringen, sind sie nicht lediglich Objekte unseres Schutzes, sondern moralische Subjekte, bei deren Rechten berücksichtigt werden sollte, was sie selbst mitzuteilen haben.

Wer gelegentlich einen verschämten Blick auf das Leiden der Tiere wirft, das wir ständig unsichtbar zu machen versuchen, wer von Zeit zu Zeit an dieses Leid denkt, weil ein Video enthüllt, was in gewöhnlich für die Öffentlichkeit verschlossenen Gebäuden geschieht, und wer dann weiterlebt, als geschähe da nichts Schreckliches oder als wäre es unmöglich, diesem alltäglichen Massaker ein Ende zu setzen, der akzeptiert, vom Bösen kontaminiert zu werden. Zu solchen Untaten bedarf es der Komplizen, die sich als ökonomische Akteure oder als Konsumenten direkt oder indirekt an einem System beteiligen, das von einer grenzenlosen Ausbeutung der Tiere geprägt ist. Es speist sich auch aus der abwartenden Untätigkeit der Gesellschaft. Denn die meisten Bürger sind keine Feinde der Tiere, sondern Menschen, die ihr moralisches und psychisches Leben abzuschotten vermögen.

Da sie andere, durchaus als empfindungsfähig erkannte Lebewesen aus ihren moralischen Erwägungen ausschließen, lernen sie, ihre Sensibilität zu verdrängen, und entwickeln – nahezu unabhängig von Rasse, Religion, Nationalität, Geschlecht oder Art – eine Haltung der Härte gegenüber all denen, die sie nicht als ihre Nächsten ansehen. Sie entfernen sich von dem kleinen Mädchen oder dem kleinen Jungen, die sie einmal waren und denen es unerträglich gewesen wäre, das Fleisch eines Huhns zu essen, falls sie gesehen hätten, wie es an den Füßen aufgehängt wurde und ausblutete, oder die Milch einer Mutterkuh zu trinken, der man ihr Kälbchen gleich nach der Geburt weggenommen hat. Aus ihnen wurden Erwachsene, deren Schweiß, deren Blut und deren Wahlzettel im Dienst eines gnadenlosen Systems stehen, das entgegen den Behauptungen der Vulgärökonomen nur für eine Minderheit profitabel ist.

2. Wir führen Krieg gegen uns selbst

Unser Verhältnis zu den Tieren stellt unsere Fähigkeit auf die Probe, das gemeinsame Schicksal zu erkennen, das uns mit anderen Lebewesen verbindet. Es verweist zugleich auf unsere Schwierigkeiten, Andersartigkeit zu akzeptieren. Es ist ein Krieg gegen die Tiere, aber auch ein Krieg gegen uns selbst und unter uns. Deshalb ist und bleibt die Frage der Tiere von zentraler Bedeutung. Sie ist für sich genommen wichtig, sie ist wichtig, weil die Tiere leiden, aber auch deshalb, weil die Gewalt, die wir ihnen zufügen, von unserer Verachtung gegenüber den Lebewesen zeugt, denen wir uns überlegen fühlen oder die einfach nur anders sind als wir.

Die beispiellose Unterwerfung tierischen Lebens stellt das Mitgefühl auf die Probe. Um diese ganz gewöhnliche, in Wirklichkeit aber außergewöhnliche Gewalt zu akzeptieren, müssen wir das Mitleid und Mitgefühl unterdrücken, das aus der Wahrnehmung der Verletzlichkeit rührt, die wir mit den übrigen sterblichen Lebewesen aus Fleisch und Blut teilen. Wie Jacques Derrida in *Das Tier, das ich also bin* schreibt, befinden wir uns alle in einem «Krieg um das Mitleid», ob wir das nun akzeptieren oder nicht, ob wir beschlossen haben, unser Leben um diesen Kampf zu strukturieren, der ein Kampf um Achtung vor dem Leben ist, oder ob wir so tun, als ginge uns das Leid der Tiere nichts an.

Dieser Krieg muss uns Anlass zu der Frage geben, welchen Platz Mitleid und Mitgefühl in der Gerechtigkeit einnehmen und welche Zusammenhänge zwischen all der Gewalt seit dem Beginn des 21. Jahrhunderts bestehen. Diese Gewalt ist extrem und zielt auf Lebewesen, deren Gesicht man nicht sieht oder nicht sehen will. Sie ist nur möglich, weil die Verhärtung unseres Herzens unsere Beziehungen in Herrschaftsbeziehungen verwandelt. Wir sind zugänglich für das Böse, für jenes, das im industrialisierten Westen institutionalisiert ist, und für jenes, das den Westen bekämpft wie etwa der Terrorismus. Jeder ist in sich selbst gefangen; die Identität ist Selbstverkrampfung, die Freiheit Beherrschungswahn. Öffnung gegenüber den Anderen, Verantwortung als Antwort auf den Anderen und Anerkennung der Andersartigkeit, aber auch der Entstellung, der Endlichkeit und der Passivität – all das ist unmöglich. In solch einem Kontext sind die Tiere die designierten Opfer unserer Brutalität.

Die Gewalt gegen Tiere, die von unseren Staaten legalisiert, von unserer Öffentlichkeit und unserer Kultur meist legitimiert wird, ist Ausdruck einer gewalttätigen Zivilisation. Mit der allgemeinen Ausbreitung der *intensiven Tierhaltung** und der industrialisierten Landwirtschaft nach dem Zweiten Weltkrieg, dem Verschwinden jeglicher politischen Utopie in den 1990er Jahren und dem Aufstieg des Ökonomismus zum einzigen Denkhorizont gelingt es dieser Zivilisation nicht einmal mehr, in ihren Traditionen Maßstäbe zu finden, die es ihr ermöglichten, dem Recht des Einzelnen, alles zu gebrauchen und zu missbrauchen, was seiner eigenen Erhaltung und seinem Fortkommen dient, noch irgendwelche Grenzen zu setzen. Herrschaftsstreben und Gier haben ihren Ursprung in der inneren Leere von Menschen, die jedes Ideal verloren haben und nicht mehr spüren, was sie mit anderen Lebewesen, mit Menschen wie Tieren, verbindet. Wir dürfen uns daher nicht wundern, dass die von der Menschheit seit Jahrtausenden genutzten Tiere so wenig Achtung genießen und dass man es sich erlaubt, sie ganz nach Belieben zu halten und zu töten oder ihnen schlimmstes Leid zuzufügen.

Unser Verhältnis zu den Tieren ist also ein Spiegel unseres Verhältnisses zu unseren Mitmenschen und ein Vorbote der Gewalt gegen Menschen, vor allem gegen die schwächsten wie Kinder, Frauen, Menschen mit Behinderung, Gefängnisinsassen und – früher einmal – Sklaven. Wenn wir verstehen wollen, was wir heute den Tieren antun, reicht es nicht, das Übel anzuprangern oder Symptome zu bekämpfen, vielmehr müssen wir es bei der Wurzel packen. Diese Wurzel reicht über den Umgang mit den Tieren hinaus und umfasst auch unser Verhältnis zu anderen Menschen und anderen Staaten. Sie betrifft die Frage, wie wir uns selbst sehen und wie wir unsere Endlichkeit und Verletzlichkeit annehmen.

Um eine Gesellschaft zu schaffen, die uns mit uns selbst versöhnt und gegenüber den Tieren größere Gerechtigkeit walten lässt, bedarf es einer politischen Theorie und einer Anthropologie, die ein neues Licht auf die *conditio humana*, die Bedeutung der Freiheit und die Wichtigkeit unserer Verantwortung gegenüber anderen Lebewesen werfen. Damit sie universelle Geltung beanspruchen können und sich auf unterschiedliche kulturelle Kontexte anwenden lassen, müssen sie sich auf unbestreitbare Tatsachen stützen. Diese Tatsachen müssen sich auf unsere Körperlichkeit beziehen, auf unseren Bedarf von Nahrung, Wasser, Luft und Raum sowie auf Aspekte der Verletzlichkeit wie Ermüdung, Schmerz und Sterblichkeit. Verstehen, was bei der Misshandlung der Tiere auf dem Spiel steht, heißt also, das Böse zu ermessen, zu dem wir fähig sind, und uns auf einen Weg zu wagen, der auf theoretischer wie auf praktischer, auf individueller wie auf kollektiver Ebene neue Perspektiven eröffnet.

Wir führen Krieg gegen uns selbst, aber jedes Werk des Denkens oder der Phantasie und jede Tat, die den Übergang zu einem anderen Gesellschaftsmodell erleichtert, werden ein Sieg gegen das Übel sein, das sich in unsere Herzen eingeschlichen hat und dessen Opfer, zugleich jedoch auch Werkzeug unsere Zivilisation heute ist: gegen die Herrschaft, gegen die Ausbeutung des Menschen durch den Menschen, gegen die Ausbeutung der Lebewesen und der Natur durch den Menschen und mancher Nationen durch andere Nationen.

Dieses Ziel nimmt seinen Ausgang bei der Sorge um die Tiere. Manche mögen meinen, sie besäße nur randständige Bedeutung, doch in Wirklichkeit kommt ihr eine zentrale Stellung zu und sie berührt alle Bereiche, alle Dimensionen unseres Daseins. Dieses Ziel ist so groß, dass es fast schon selbstverständlich erscheint, ihm sein ganzes Leben zu widmen. Jeder kann etwas tun. In jedem Fall aber ist der erste Schritt, der jemanden veranlasst, sein Leben zu ändern, von einer schmerzhaften und verblüffenden Offenbarung geprägt. Es gibt kein Erwachen, das frei von dieser Verwundung wäre.

3. Großzügiges Engagement

Sich des Leidens der Tiere bewusst zu werden ist ein einschneidendes Ereignis im Leben der Menschen, die diese Erfahrung machen. Jeder Mensch hat seine eigene Geschichte, die den Kontext dazu bildet, doch es gibt auch Gemeinsamkeiten, die Erwähnung verdienen.

Wenn wir bereit sind, der Realität des Leidens der Tiere ins Auge zu sehen, stellen wir etwas fest, das wir unmöglich vollständig zu erfassen vermögen, nämlich wie intensiv das Leiden der Tiere ist und wie groß die Zahl der vernichteten Lebewesen. Nun bemerken wir all das, was Menschen anderen empfindungsfähigen Lebewesen tagtäglich in aller Welt antun. Ist diese Wahrheit erst einmal ins Bewusstsein getreten, ringen wir verzweifelt um Luft. Um uns herum entsteht eine Stille, die von Einsamkeit, Scham und der Gewissheit geprägt ist, dass wir niemals mehr so werden leben können wie zuvor.

Es drängen sich Veränderungen auf – in den Konsumgewohnheiten, vor allem hinsichtlich der Ernährung, in der Auswahl der Kleidung und der alltäglichen Gebrauchsgegenstände. Die Werbung, die uns Kühe zeigt, die glücklich ihre Milch hergeben, Tiger, die freudig durch Feuerreife springen, oder Delphine, die vergnügt in ihren gechlorten Gefängnissen umherschwimmen, erscheint plötzlich als Lüge. Diese Werbung soll das Publikum anziehen, das diese Tiere liebt und bereit ist, Geld zu zahlen, um sie zu bewundern, nicht wissend, welches Martyrium sie durchleiden. Selbst die dünnste Scheibe Schinken auf einem Sandwich erinnert an die Ställe, in denen die Nutztiere, wie man sie nennt, auf engstem Raum zusammengepfercht werden, seit die Tierzucht industrialisiert wurde und seit man auch dort die Arbeitsteilung und Spezialisierung eingeführt hat, die jedem Arbeitenden eine einzige Aufgabe zuweist. Denn in der Intensivtierhaltung soll auch das Tier nur jeweils eine einzige Funktion haben – die Muttersau soll Ferkel produzieren, das Mastschwein Fleisch, die Legehenne Eier und die Milchkuh Milch. Jede Wurst und jedes Stück Käse lassen an die endlosen Transporte denken, an das Warten und die Panik im Todestrakt, an den oft schmerzhaften Tod des Tieres, das bei vollem Bewusstsein bleibt, weil die Betäubung oft nicht korrekt durchgeführt wird und die in den Schlachthöfen verwendeten Instrumente nicht regelmäßig ersetzt werden.

Wer sich des Leidens der Tiere bewusst wird, gerät in eine eigentümliche Welt, die anfangs einem Alptraum gleicht. Man muss durch dieses Leiden hindurchgehen und es durchleben, ohne es zu verdrängen. Aber man darf es nicht bei bloßer Empörung belassen oder sich gegen all jene, die dieses Leid nicht sehen, erregen, sie beschimpfen und selbst dogmatisch werden. Denn die Leidtragenden solch kontraproduktiven Verhaltens sind die Tiere: Man gewinnt keine Unterstützung und verliert zudem die Zustimmung all derer, die ihre Lebensweise und ihre Ernährungsgewohnheiten zwar nicht an ihre moralischen Einstellungen anpassen, aber letztlich doch wissen, dass die Verteidiger der Tiere Recht haben. Die Tyrannei des Guten ist oft nur die Maske der Überheblichkeit. Ganz sicher ist sie eine Versuchung, der alle erliegen, die ihre Tugendhaftigkeit und Reinheit gerne in der Lasterhaftigkeit und Unreinheit der anderen gespiegelt sehen. Weil sie die anderen unbedingt zermalmen möchten, finden sie in den Belangen der Tiere ein Ventil für ihre traurige Leidenschaft.

Wer das Leiden der Tiere auf sich nimmt, spürt eine tiefe Wunde, die sich niemals schließt und auf eine Weise mit den Jahren sogar noch stärker schmerzt. Zweifellos rührt diese Wunde an eine andere, frühere – sofern nicht genau das Gegenteil geschieht. Wir leben in einer Welt, in der jeder sehr beschäftigt ist und alles uns von Geburt an die Überzeugung nahelegt, die Ausbeutung der Tiere wäre ganz natürlich, notwendig und schmerzlos. Wie soll da ein einzelner Mensch Sensibilität für ihr Leid entwickeln, wenn er sich nicht zuvor schon von dieser Welt zurückgezogen hat und infolge eines Traumas, einer Krankheit oder einer Demut lehrenden Erfahrung nicht bereits frei von all diesen gesellschaftlichen Attributen ist? Wie soll er als einfacher und in seinen Möglichkeiten beschränkter Mensch das für eine mitfühlende Reaktion unerlässliche Sensibilitätsniveau erreichen, wenn die Arbeit und die zahlreichen häuslichen Pflichten, die den Einzelnen in seine Rollen und Routinetätigkeiten einschließen, ihn bereits voll in Beschlag nehmen und seine Fähigkeit abstumpfen lassen, zu denken, aufzuwachen oder sich zu empören?

Um die panischen Angstschreie der Tiere, ihre verstümmelten und malträtierten Leiber, ihre unermessliche Frustration emotional und körperlich zu empfinden, muss er nackt und schutzlos vor die Tiere treten, die nackt und nahezu schutzlos unseren mit Maschinen und Werkzeugen bewaffneten Händen ausgeliefert sind. Dieses erste Sich-Stellen kann die Bresche sein, durch die Menschen Zugang zum Leid der Tiere erlangen, obgleich sie in einem System leben, das alles tut, um es zu verbergen.

Entscheidend ist, etwas angesichts dieses Leids zu tun, trotz allem stark genug zu sein und es an sich heranzulassen, ohne dass die Gewalt, die Ursache dieses Leids ist, uns kontaminiert und verhärtet. Wer das Leid auf sich zu nehmen bereit ist und den Wunsch entwickelt, das Übel zu begreifen und ihm abzuhelfen, gewinnt an Stärke. Das eröffnet uns ein tieferes, hellsichtiges und großzügiges Verständnis unserer selbst und der anderen und lässt uns den Schlüssel für den Übergang zu einer Gesellschaft finden, welche die Interessen aller achtet.

Die Trennung von den übrigen Menschen, die weiterhin die Augen vor dieser Realität verschließen, darf nicht zu Verachtung führen. Wie der Gefangene in Platons Höhlengleichnis, der sich nach der Befreiung aus der Höhle auf den beschwerlichen Weg zur Wahrheit macht und dann zu seinen früheren Gefährten in die Höhle zurückkehrt, um ihnen von seinen Entdeckungen zu berichten, müssen auch jene, die sich des elenden Lebens und grausamen Todes der Tiere bewusst geworden sind, stets daran denken, dass auch sie einst blind für dieses Leid waren. Viele Jahre waren sie in *speziesistischen** Vorurteilen gefangen, welche die Ausbeutung der Tiere rechtfertigten. Meist waren es andere Menschen, ein Verein, ein Buch oder eine Reportage, die sie von ihrer Unwissenheit und ihren Illusionen befreiten oder den Auslöser bildeten, der es ihnen ermöglichte, die Wahrheit im hellen Licht zu erkennen, eine Wahrheit, die anders als in Platons Welt der Ideen die Enthüllung des Bösen ist.

In Platons Staat fällt dem Philosophen die Pflicht zu, erneut in die Höhle hinabzusteigen, auch wenn ihm klar ist, dass niemand ihm wird glauben wollen und dass er sein Leben dadurch in Gefahr bringt. Ebenso empfinden es Menschen, die den Mut haben, den Qualen der Tiere ins Auge zu blicken, als ihre Pflicht, sich jeweils im eigenen Bereich für eine Verbesserung der Zustände einzusetzen und sich auch an all jene zu wenden, die dem Los der Tiere gleichgültig gegenüberstehen und nichts tun, um deren Elend zu mildern.

Niemand kann das Leid der Tiere ermessen, ohne selbst zu leiden, denn ihr Leben ist die Hölle. Diese Hölle ist das Werk des Menschen und zeigt das ganze Ausmaß des Bösen, zu dem wir fähig sind. Deshalb werden die Belange der Tiere für jeden Menschen, der die Augen vor dieser Gewalt nicht verschließt, zur wichtigsten Lebensaufgabe. Trotz mancher Bedenken und anfänglicher Ängste drängt es sie zu Engagement und einer Form politischen Handelns. Der Einsatz für die Tiere ist eine schwierige Aufgabe. Weder für die Tiere noch für diejenigen, die sich ihres Elends annehmen, gibt es einen Sonntag. Doch dieser Einsatz ist getragen von der Hoffnung, eine bessere, weniger gewalttätige und gerechtere Welt zu schaffen. Das Wissen um die Zusammenhänge zwischen der Gewalt gegen Tiere und der Gewalt gegen Menschen, zwischen der grenzenlosen Ausbeutung der übrigen Lebewesen und der Ausbeutung des Menschen durch den Menschen und der Nationen durch andere Nationen verleiht diesem Engagement zusätzliche Kraft, denn dadurch wird es in die Geschichte eingebunden.

4. Speziesismus und Antispeziesismus

Der Kampf für die Tiere wird oft mit dem Kampf gegen andere Formen der Diskriminierung wie Rassismus und Sexismus in Verbindung gebracht. In diesem Kontext entstand 1971 der Begriff des *Speziesismus**. Er bezeichnet eine Diskriminierung, die auf der Spezies oder biologischen Art basiert sowie auf der fehlenden Berücksichtigung der Interessen anderer, nichtmenschlicher Spezies, die wir als bloße Mittel für unsere Zwecke benutzen. Der Ausdruck deutet an, dass die gegen die Tiere geübte Gewalt in Vorurteilen gründet und illegitim ist.

Der *Antispeziesismus** fordert dagegen, dass die Interessen der nichtmenschlichen Arten ebenso berücksichtigt werden wie die der Menschen. Das bedeutet nicht, dass Menschen und nichtmenschliche Arten oder die verschiedenen nichtmenschlichen Arten gleich behandelt werden müssten. So hätte das Wahlrecht für Schweine keinen Sinn. Und Katzen, die den Komfort unserer Häuser schätzen, brauchen nicht denselben Raum wie Löwen. Der Antispeziesismus, ein zentraler Begriff der Gründer der Tierethik wie Peter Singer und Tom Regan, verlangt von uns, anzuerkennen, dass die Tiere empfindende Lebewesen sind und etwas zählen. Sie haben Anspruch, in moralischer Hinsicht berücksichtigt zu werden, und wir dürfen uns nicht so verhalten, als wären sie dazu da, uns zu dienen. Ihr Leben ist für sie ebenso wichtig wie das unsrige für uns, auch wenn wir nicht dieselben Interessen haben wie sie, da unsere Grundbedürfnisse nicht dieselben sind und nicht dieselben Dinge uns die Möglichkeit geben, uns zu entfalten.

Unsere Gesellschaft ist ungerecht, weil sie auf dem *Speziesismus** basiert, einem Postulat, wonach wir die Tiere ganz nach unserem Belieben gebrauchen und missbrauchen dürfen. Wir führen an Tieren weiterhin Versuche durch, die an Menschen durchzuführen verboten ist. Wir halten Tiere unter Bedingungen, die wir selbst schlimmsten Verbrechern nicht zumuten würden. Die Tiere werden wie bloße Objekte behandelt, und diese gesellschaftlich akzeptierte Behandlung gründet in einer *petitio principii*: Wir Menschen meinen, das Leben der Tiere habe keinen *Eigenwert** und sie seien nur dazu da, dass wir sie gebrauchen und Nutzen aus ihnen ziehen oder weil ihre Gesellschaft uns angenehm ist.

Dennoch beweist uns nichts, dass der Himmel, die Erde und ihre Bewohner für uns gemacht wären. René Descartes, der wegen seiner Theorie der Tier-Maschine oft beschuldigt wird, Begründer einer Tradition zu sein, die in einen Teufelskreis führt – dieser René Descartes erinnerte den Menschen daran, dass er nicht der Mittelpunkt der Schöpfung ist. In einem Brief an Elisabeth von der Pfalz schrieb er am 15. September 1645:

«Denn wenn man sich vorstellt, dass es hinter den Himmeln nichts als imaginäre Räume gibt und dass all diese Himmel nur gemacht wurden, um der Erde zu dienen, und die Erde nur für den Menschen, bewirkt dies, dass man zu denken geneigt ist, diese Erde sei unser Hauptsitz und dieses Leben unser bestes; und statt die Vollkommenheiten zu erkennen, die wahrhaft in uns sind, schreibt man den anderen Geschöpfen Unvollkommenheiten zu, die sie gar nicht besitzen, um sich über sie zu erheben; und indem man sich in einen ungehörigen Eigendünkel begibt, will man Ratgeber Gottes sein und mit ihm die Aufgabe auf sich nehmen, die Welt zu leiten, was eine Unmenge von nichtigen Beunruhigungen und Streitigkeiten erzeugt.»

Weder die Genesis, in der wir lesen, dass Gott die Tiere, «ein jegliches nach seiner Art», und nicht nach den Interessen des Menschen schuf, noch Descartes stützen den *Anthropozentrismus**, also die Vorstellung, die Erde, der Himmel und die übrigen Lebewesen wären allein für uns geschaffen und besäßen deshalb nur einen instrumentellen Wert. Warum aber sind dann das speziesistische Vorurteil und der Anthropozentrismus, der dessen Ursprung darstellt, derart zäh?

Die despotische Einstellung, welche die nahezu grenzenlose Ausbeutung der Natur durch den Menschen rechtfertigt, geht zurück auf die Industrielle Revolution. In Verbindung mit dem illusorischen Glauben an die Unerschöpflichkeit der Ressourcen stützte sie sich auf den Individualismus, der besagt, dass die Menschen alles nutzen dürften, was ihnen Befriedigung verschafft, und dass ihr Wohlergehen den Endzweck des Staates bilde. Heute wissen wir, dass die Erde verletzlich ist und dass wir uns aufgrund unserer Zahl keine Lebensweise und keine Konsumgewohnheiten leisten können, die derart viel Energie fressen. Außerdem dächte wohl niemand daran, Tiere mit einer Lagerstätte fossiler Rohstoffe gleichzusetzen. Warum aber sind dann die Menschen und die Staaten bereit, zumindest in der Theorie anzuerkennen, dass die Erde geschützt werden sollte, während das rein produktionsorientierte und speziesistische Schema im Blick auf die Tiere weiterhin Politik und Denken bestimmt?

Den meisten Menschen fällt es immer noch sehr schwer, überhaupt anzuerkennen, dass auch die Tiere Rechte haben. Wie sie jedoch auch wissen, impliziert diese Behauptung nicht, dass Hunde und Katzen dieselbe moralische Bedeutung hätten oder dass es in dieser Hinsicht keinerlei Unterschiede zwischen Mensch und Tier gäbe. Der Speziesismus vermag den Fortbestand von Praktiken zu erklären, die Tiere zu einem erbärmlichen Leben und einem Tod verdammen, der bewusst herbeigeführt wird, und das oft zu einem sehr frühen Zeitpunkt, im Kindes- oder Jugendalter oder nach einer sehr kurzen Lebenszeit wie bei jenen unter ständigen Euterentzündungen leidenden Milchkühen, die schon nach vier Jahren erzwungener Laktation und künstlicher Befruchtung vollkommen verbraucht sind. Er erklärt auch, warum es im Zirkus jene Wildtiere geben kann, die ihr Leben lang in kleine Käfige gesperrt und durch Demütigungen, Schläge und Entbehrungen gezwungen werden, von Menschen für Menschen erdachte Kunststücke aufzuführen. Das speziesistische Vorurteil rechtfertigt die Ausbeutung und Misshandlung von Tieren, doch nichts rechtfertigt den Speziesismus, zumal seit der Ausbreitung der Darwin'schen Evolutionstheorie und den wissenschaftlichen Entdeckungen, die vor allem dank der Arbeiten der *Ethologen** dazu beigetragen haben, die Komplexität und den Reichtum des tierischen Lebens und der Tiergesellschaften zu erkennen. Warum ist dieses Vorurteil so schwer zu besiegen?

Wissenschaftliche Entdeckungen vermögen noch keinen gesellschaftlichen Wandel auszulösen. Obwohl heutzutage alle wissen, dass Tiere keine Maschinen sind, behandeln die Menschen sie dennoch weiterhin wie Maschinen zur Produktion von Fleisch, Milch, Leder, Pelzen oder Öl. Die sozialen und politischen Umwälzungen und die Veränderungen im Bereich des Konsums und der Produktion haben ihren Ursprung nicht in wissenschaftlichen Fortschritten. Die Fortschritte der Wissenschaft liefern nur nachträgliche Argumente zur Begründung der Veränderungen, aber wer glaubt, die gesellschaftlichen Veränderungen gingen auf wissenschaftliche Erkenntnisse oder gar auf rationale Argumentation zurück, verkennt die eigentlichen Triebkräfte der Geschichte.

Darin zeigen sich sehr deutlich die Grenzen der Tierethik, von der Peter Singer behauptet, sie erfordere keine Tierliebe, sondern stütze sich auf Argumente. Auch nach mehr als 45 Jahren kreativer intellektueller Bemühungen um eine Erneuerung der Tierethik und der Tierrechte hat sich das Los der Tiere nicht verbessert. Die Hauptschwierigkeit besteht heute im Übergang von der Theorie zur Praxis. Rationale Argumente reichen nicht aus, um Menschen zu motivieren, ihre Lebensweise zu verändern und die Belange der Tiere in der Politik zur Geltung zu bringen. Deshalb wähle ich einen anderen Ansatz als meine Vorgänger.

5. Die Belange der Tiere und der Sinn der Geschichte

In den 1970er Jahren machten die Begründer der Tierethik die Empfindungsfähigkeit zum Hauptkriterium für ihre Überlegungen zu Moral und Recht und billigten damit den Tieren einen moralischen oder sogar rechtlichen Status zu und verurteilten den Speziesismus einer Gesellschaft, die sich der Misshandlung anderer empfindungsfähiger Lebewesen schuldig machte. Sie stehen für die erste Phase der Philosophie der Tiere. In den 1990er und frühen 2000er Jahren verwiesen Autoren wie Jacques Derrida und Élisabeth de Fontenay auf die strategische Bedeutung der Tierfrage. Sie untersuchten, wie die philosophische Tradition des Westens die Tiere sah, und enthüllten dadurch die Gewalt eines Humanismus, der auf speziesistischen Vorurteilen sowie einem elitären Verständnis des Menschen basiert und den Weg für andere Formen der Diskriminierung wie Rassismus und Sexismus freimacht. Auf diese zweite Phase der Tierphilosophie folgt heute eine dritte, in die wir uns von Buch zu Buch einschreiben. Dabei gilt es zu zeigen, dass unser Verhältnis zu den Tieren zugleich auch viel sagt über unser Verhältnis zu uns selbst und dem, was wir geworden sind, dass die Befreiung der Tiere auch unsere Befreiung sein wird und dass die Hauptaufgabe der Philosophen wie auch der Aktivisten darin besteht, die Tierfrage zu politisieren und auf diesem Weg die Regeln einer Gesellschaft zu bestimmen, die die Interessen der Menschen und der nichtmenschlichen Lebewesen wirklich ernst nimmt.

Bevor wir uns genauer ansehen, was zur Politisierung der Tierfrage erforderlich ist, sei daran erinnert, dass nur wenige Menschen ihr Konsumverhalten ändern, weil sie an die Menge und Lebensqualität der zur Befriedigung ihrer Bedürfnisse ausgebeuteten Tiere denken. Wenn Peter Singers *Animal Liberation* für viele Leser ein wichtiges Buch war, das sie veranlasste, sich für Vegetarismus und *Veganismus** zu entscheiden, so weil dieses Buch sich nicht darauf beschränkt, Argumente aus dem Bereich des *Utilitarismus** auf die Tierfrage anzuwenden. Durch die dort angeführten Beispiele und durch sein Engagement wies Singer der Tierfrage auch einen Platz in der Geschichte zu: Er erklärte, dass die Wahrnehmung des Leidens der Tiere die große Aufgabe am Ende des 20. Jahrhunderts sei und dass sie auch im Zentrum der sozialen und politischen Erfordernisse des 21. Jahrhunderts stehen werde.

Das ist nicht deshalb so, weil es die logische Folge eines Fortschritts des Wissens wäre, sondern weil die Gewalt und die Verirrung in unserem Verhältnis zu den Tieren ein solches Ausmaß erreicht haben, dass jeder über das ihnen zugewiesene Schicksal nachdenken muss. Die Menschen fragen sich, was die Misshandlung der Tiere über die anthropologischen, ethischen und rechtlichen Grundlagen dieser Gesellschaft aussagt, deren ökonomisches Entwicklungsmodell erschöpft ist: Es erzeugt auf sozialer und ökologischer Ebene in erheblichem Umfang Kontraproduktives und entwürdigt die Menschen ebenso wie die nichtmenschlichen Lebewesen. Auch im Kontext der Sackgasse, in die uns der Kapitalismus führt, erweist sich die Tierfrage heute als wichtige soziale und politische Frage. Die Aktivisten, die für die Befreiung der Tiere kämpfen, nähren damit zugleich auch die Hoffnung, dass eine andere Welt möglich ist.

Auch der willkürliche Charakter der zwischen Tier und Mensch gezogenen Grenzen tritt deutlich zutage, desgleichen die Tatsache, dass wir in unserer grenzenlosen Nutzung der übrigen Lebewesen entschieden zu weit gehen. Diese Entwicklung hat ihren Ursprung in einer historischen Situation, die von Praktiken geprägt ist, in denen Technologie und Genetik eine wichtige Rolle spielen, sie beruht auf unserem demographischen Gewicht, gründet in der Ausbreitung der westlichen, auf der Nutzung tierischer Produkte basierenden Lebensweise und markiert so einen Weg, auf dem letztlich jeder den Zusammenhang zwischen der Ausbeutung der Tiere und den übrigen Ausbeutungsformen erkennt.

Der Kampf für die Sache der Tiere ist in der Geschichte verwurzelt. Dabei kann der Kampf gegen die Sklaverei als ein Vorläufer gelten, der zugleich strategische Orientierung und Ermutigung bietet. Die Gleichheit der Geschlechter und die Entschlossenheit der Frauen, ihrer Stimme Gehör zu verschaffen, sind umso solidarischer mit dem Kampf für die Tiere, als kein Zweifel am Zusammenhang zwischen der Gewalt gegen Tiere und der Gewalt gegen Frauen bestehen kann. Herrschaft wird stets zuerst gegen den Körper des Anderen und gegen die Schwächsten ausgeübt. Und schließlich setzt der Übergang zu einer gegenüber den Tieren gerechten Gesellschaft die Abschaffung des Kapitalismus voraus, da dieses System auf Ausbeutung gründet.

Jahrhundertelang hat man Frauen, Kinder und Männer zu Sklaven gemacht. Sie wurden auf Märkten ähnlich den heute noch existierenden Tiermärkten gekauft und verkauft. Sie hatten keinerlei Rechte und gehörten ihren Herren, die sie endlos arbeiten lassen und nach Belieben nehmen konnten und auch bestimmten, ob sie heiraten und Kinder haben durften. Trotz des Leids, das diese Unterjochung mit sich brachte, glaubten die meisten Sklaven selbst, dass es einen naturgegebenen Unterschied zwischen Schwarzen und Weißen gebe. Ebenso wenig wie die Götter des Olymp dachten die Diener des christlichen

Gottes daran, ein System abzuschaffen, das zwar als grausam gelten mochte, aber von niemandem für ungerecht gehalten wurde.

Erst mit dem *Leviathan* von Thomas Hobbes, den Philosophen der Aufklärung, der Unabhängigkeitserklärung der Vereinigten Staaten 1776 und der Französischen Revolution von 1789 begann sich der Gedanke durchzusetzen, dass alle Menschen frei und gleich an Rechten und Würde geboren sind. Die Abschaffung der Sklaverei erfolgte nicht sofort, auch wenn sie durch diese Texte und im Bewusstsein aufgeklärter Menschen eine Selbstverständlichkeit war.

Die subjektiven Rechte, die jedem Menschen Würde und einen *Eigenwert** zusprechen und Freiheit wie auch Gleichheit zur Grundlage des Naturrechts machen, dienen heute als Maßstab für die Legitimität der positiven oder bestehenden Gesetze. Sie zeugen von einem moralischen Fortschritt, der von der Ausdehnung unserer moralischen Erwägungen auf alle Menschen gekennzeichnet ist, unabhängig von ihrer Rasse, ihrer ethnischen Zugehörigkeit, ihrer Funktion oder ihrem Geschlecht. Diese Erweiterung erklärt die Entwicklung der Moral, des Rechts und der Politik, die zur Abschaffung der Sklaverei, zum Kampf gegen den Rassismus und zum Erringen der Bürgerrechte durch die Schwarzen und die Frauen geführt hat. Sie verdankt der Wissenschaft nicht sonderlich viel, wohl aber der Philosophie und der Politik.

6. Hindernisse für den Fortschritt

Wer über die Bedingungen eines Übergangs zu einer gegenüber den Tieren gerechten Gesellschaft nachdenkt, sollte sich die Geschichte der Abschaffung der Sklaverei ansehen. Ein solcher Vergleich lässt uns die Hindernisse für diesen Übergang besser verstehen und zeigt uns zugleich Lösungswege. So verstand es Abraham Lincoln durch die Politik, die er verfolgte, zu einem Kompromiss zu gelangen, der damals äußerst unwahrscheinlich erschien.

Die beiden größten Hindernisse für die Abschaffung der Sklaverei waren der Rassismus, also die Vorurteile hinsichtlich der Unterlegenheit oder Überlegenheit der Rassen, und die Überzeugung, dass man die mit einem gewaltigen Handelsvolumen verbundene Sklaverei unmöglich abschaffen konnte, ohne eine wirtschaftliche Katastrophe herbeizuführen. Doch die Abschaffung der Sklaverei, die nicht ohne Gewalt vonstattenging, vor allem in den Vereinigten Staaten, wo diese «besondere Institution» von den Südstaaten verteidigt wurde, ruinierte die betroffenen Länder nicht und zerstörte auch nicht die Union, nicht einmal nach dem Bürgerkrieg.

Das hatte zwei Gründe. Der erste hängt mit Lincolns Strategie zusammen. Als Lincoln 1860 zum Präsidenten gewählt wurde, forderte er nicht die Abschaffung der Sklaverei, sondern lediglich ein Verbot ihrer Ausdehnung auf andere Bundesstaaten. Vor der Verabschiedung des von ihm ausgearbeiteten und am 8. März 1865 vom Kongress angenommenen 13. Verfassungszusatzes, der die Sklaverei auf dem gesamten US-amerikanischen Staatsgebiet abschaffte, richtete Lincoln am 6. März 1862 eine Botschaft an den Kongress, in dem er die Annahme einer Entschließung empfahl, die verfügte, «dass die Vereinigten Staaten mit jedem Bundesstaat kooperieren sollen, der zur schrittweisen Abschaffung der Sklaverei bereit ist, und dass sie diesem Bundesstaat Finanzhilfen gewähren, die der betreffende Bundesstaat nach eigenem Gutdünken einsetzen darf, um einen Ausgleich für die öffentlichen und privaten Unannehmlichkeiten zu schaffen, die durch diesen Systemwechsel herbeigeführt werden». Jenen Südstaaten, die bereit waren, auf dieses System zu verzichten und die Sklaverei abzuschaffen, sollten dafür eine Frist von 37 Jahren und Ausgleichszahlungen für die entgangenen Gewinne gewährt werden.

Nach der Aufstellung von 100 Regimentern mit schwarzen Rekruten durch die Yankees und der Verabschiedung der Emanzipationsproklamation, die am 1. Januar 1863 in Kraft trat, wurde der Gedanke einer Entschädigung der Eigentümer zunächst wiederaufgenommen, dann aber verworfen. Durch Lincolns Ermordung am 15. April 1865 gewannen die Radikalen die Oberhand. Sie waren Anhänger eines harten Wiederaufbaus, und als sie die Mehrheit im Senat errangen, setzten sie sich für Vergeltungsaktionen gegen die Südstaaten ein. Der Gedanke, die Bürger der Südstaaten einschließlich derer, die Sklaven gehalten hatten, nicht als Feinde anzusehen, und die vorgeschlagene Lösung, ihnen Mittel für den Übergang zu einer nicht auf Sklaverei angewiesenen Landwirtschaft und Ökonomie anzubieten, verdienen es, als Zeugnisse einer beispielhaften Klugheit und Weitsicht in Erinnerung zu bleiben.

Der zweite Grund, weshalb das Ende der Sklaverei für die

betroffenen Länder nicht den Ruin bedeutete, ist der Umstand, dass nur ein Teil der Bevölkerung von diesem System profitiert hatte. Außerdem widersprach die Sklaverei nicht nur dem in der Unabhängigkeitserklärung formulierten Prinzip der Gleichheit aller Menschen, sondern brachte auch nur einem Teil der US-amerikanischen Bevölkerung einen Nutzen. Diese «besondere Institution» war zugleich eine Schande für die Nation und Beweis einer Ausbeutung der Schwarzen, die sich durch nichts legitimieren ließ.

Die Abschaffung der Sklaverei war eine Sache der «menschlichen Natur». Deshalb arbeitete Abraham Lincoln mit all seinen Kräften dafür, obwohl er durchaus ahnte, dass dieser Kampf ihn das Leben kosten konnte. Diese Aufgabe ging über seine Person hinaus. Und die Beendigung dieses Systems hätte weder das Land spalten noch die Sklavenbesitzer ruinieren müssen. Der Kampf für die Befreiung einer geknechteten Menschengruppe war zugleich ein Kampf für den Wiederaufbau der sozialen Welt. Im Unterschied zu den Abolitionisten der ersten Stunde ging es Lincoln nicht um eine Revolution im Sinne der Niederwerfung der Sklavenhalter, sondern um den Übergang zu einer gerechten Gesellschaft, die den Prinzipien der Unabhängigkeitserklärung besser entsprach. Abraham Lincoln verstand den vollständigen Systemwechsel, den die Abschaffung der Sklaverei erforderte, als Übergang zu einem anderen Gesellschafts- und Wirtschaftsmodell. Deshalb kann seine Politik auch im Kampf für die Befreiung der Tiere als Inspirationsquelle dienen.

Gegen diesen Vergleich könnte man einwenden, dass Tierexperimente doch Menschenleben retten und die Medizin voranbringen könnten und dass nicht nur ein Teil der Bevölkerung von der weltweiten Ausbeutung der Tiere profitiere. Wir müssten zwischen den Belangen der Tiere und den Rechten der Menschen wählen. Die Belange der Tiere sind jedoch nicht nur deshalb unsere Sache, weil die an sich schon moralisch problematische Ausbeutung der Tiere extreme Formen angenommen hat, die im ökonomischen Kontext des globalen Kapitalismus unserer Zeit noch schlimmer für Tiere und Menschen werden können, sondern auch, weil diese Ausbeutung nicht für alle Menschen und nicht einmal für deren Mehrheit einen Gewinn bringt. So müssen wir uns denn fragen, wer von diesem Verbrechen profitiert.

Wem nützt der tägliche massenhafte Konsum tierischer Produkte, der verheerende Auswirkungen auf die Gesundheit der Menschen hat, weil er das Risiko von Diabetes, Fettleibigkeit, Herz-Kreislauf-Erkrankungen und Krebs erhöht? Wem nützt die Rodung der Wälder in Südamerika, um Flächen für den Anbau von Soja zu gewinnen, das in den USA und Europa an Vieh verfüttert wird, obwohl wir wissen, dass die Nachfrage nach tierischen Produkten mitverantwortlich für die extreme Armut, den Hunger und die Unterernährung ist, unter denen drei Milliarden Menschen leiden? Viele von ihnen leben in Ländern, in denen Getreide angebaut wird, doch unter der Vereinnahmung der landwirtschaftlichen Flächen für die Produktion von Tierfutter leidet die Produktion von Lebensmitteln für die Ernährung der Bevölkerung.

Wem nützt die Erzeugung von so viel Fleisch, wo wir doch um deren ökologische Kosten wissen? Die Tierhaltung erzeugt 7,1 Milliarden Tonnen CO_2, etwa ein Siebtel der gesamten Emissionen von Treibhausgasen und damit mehr als der gesamte Verkehrssektor. Für die Produktion von 500 Kilokalorien Rindfleisch benötigt man 4902 Liter Wasser, bei Bohnen sind es 421 Liter und bei Kartoffeln nur 89 Liter pro 500 Kilokalorien.

Wem nützt die Hochseefischerei, wo wir doch wissen, dass viele Fische gefangen werden, bevor sie sich fortpflanzen konnten, dass die Ozeane in ein paar Jahren leergefischt sein werden und selbst vom Aussterben bedrohte Arten für die Produktion von Fischfilets herhalten müssen?

Wem nützen die Tierfabriken, wo wir doch wissen, dass die Arbeiter dort Ferkel ohne Betäubung kastrieren müssen; dass sie sich Stöpsel in die Ohren stecken, um die Schreie der Tiere nicht zu hören; dass sie zu Killern werden, um Tiere zu eliminieren, die «nicht der Norm entsprechen»; und dass die Gülle zur Verschmutzung des Grundwassers und zu einem gesundheitsschädlichen Algenwachstum führt?

Wem nützen die Stierkämpfe, wo wir doch wissen, dass sie in den meisten französischen Städten, in denen Corridas veranstaltet werden, zum Beispiel in Arles, Bayonne, Béziers und Nîmes, von der Stadt oder von Privatleuten finanziert werden und gewaltige Defizite einfahren? Diese Praxis, für die man Tiere opfert, ist ansonsten überall verboten, außer in den Städten, in denen sie als «lückenlose lokale Tradition» gilt. Sie kommt die Steuerzahler teuer zu stehen und bindet erhebliche, für das Vereinsleben bestimmte Mittel, die man für sozial nützlichere und edlere Zwecke verwenden könnte.

Wem nützen die Delphinarien, in denen Delphine und Orcas gezwungen werden, inmitten von Gruppen zu leben, die sie nicht verstehen und die sie attackieren? Dort müssen sie Lärm,

Hitze, Enge und die ständige Gegenwart von Menschen ertragen, die sie zwingen, Sprünge vorzuführen, oder sie durch Glasscheiben beobachten. Wem nützen die Kunststücke der Bären, Zebras und Elefanten, die man per Lastwagen in jene Städte transportiert, in denen Zirkusveranstaltungen mit Tieren noch erlaubt sind, und die man in ihren Käfigen und Gehegen jene unsinnigen und *stereotypen** Bewegungen ausführen sieht, die von ihrer Not und ihrer Langeweile zeugen?

Wem nützen die Sektionen oder gar Vivisektionen in Schulen und Universitäten, obwohl man die Anatomie heute am Computer und in 3D studieren kann? Wem nützen die Tierversuche, obwohl sich deren Ergebnisse sehr oft nicht auf den Menschen übertragen lassen und obwohl es brauchbare Alternativen zur Prüfung von Haushaltsprodukten, Kosmetika und Medikamenten gibt? Was soll man auf diese Frage antworten, wenn man weiß, dass letztlich nur wenige Tierversuche im Zusammenhang mit Krankheiten wie dem Krebs stehen, wie Audrey Jougla in ihrem Buch *Beruf: Versuchskaninchen* gezeigt hat. Und auch die Versuche, mit denen die Auswirkungen von Wasser-, Luft- oder Schlafmangel erforscht werden sollen, sind vollkommen nutzlos.

All diese Praktiken, die einer beträchtlichen Zahl von Tieren gewaltiges Leid zufügen und deren Nutzen für die Menschheit fraglich ist, nützen nur wenigen Menschen. Sie sind abhängig von einigen Gruppen, die in der Nahrungsmittelindustrie, in den Lobbys der Pharmaindustrie und in den Tierparks eine echte Monopolstellung erlangt haben.

Diese Gruppen haben Interesse an der Verbreitung von Falschinformationen, in denen etwa behauptet wird, die Delphine und die Orcas fühlten sich in den Becken und bei der künstlichen Insemination sehr wohl, die Zirkustiere seien glücklich und zufrieden, die Beagles hätten keine Probleme mit dem Einatmen von Zigarettenrauch und es sei für unsere Gesundheit unerlässlich, dass wir jeden Tag tierische Erzeugnisse zu uns nähmen. Sie bereichern sich, indem sie Menschen täuschen, und können nur deshalb damit fortfahren, weil wir allzu ignorant und allzu feige sind, um diese Lüge zu entlarven, und allzu schlecht organisiert, um Politik und Wirtschaft zu Innovationen zu zwingen, indem wir eine Küche, Kleidermoden, eine Industrie und eine Wissenschaft vorschlagen, die keine tierischen Produkte nutzen.

Es ist unmöglich, Konflikte zu vermeiden, wenn man das den Tieren zugewiesene Schicksal anprangert und deren Rechte zur Geltung zu bringen versucht. Denn dieser Kampf richtet sich auch gegen ein Wirtschaftssystem, das auf Profit basiert und auf der Ausbeutung der Lebewesen und der Menschen gründet, aber auch auf die Verfälschung der Kommunikation angewiesen ist. Wollen wir jedoch verstehen, warum die Belange der Tiere uns alle angehen, müssen wir zeigen, dass wir im Zeitalter der Lebewesen leben, und deutlich machen, was dieses Zeitalter in anthropologischer, gesellschaftlicher und politischer Hinsicht bedeutet.

7. Das Zeitalter der Lebewesen

Leben und Handeln unserer Vorfahren bewegten sich auf zwei Ebenen. Sie hatten ihren Ort hier auf Erden, besaßen jedoch auch eine Bedeutung, die ihr aktuelles Leben transzendierte. Gott oder die Geschichte waren ihre Richter.

Das erste Zeitalter könnte man das theologische nennen. Es umfasste die antiken und die traditionalen Gesellschaften. Der Mensch gewinnt sein Heil durch sein Tun und seinen Glauben, oder, wie in der Welt des Homer, seine Tapferkeit beschert ihm einen Ruhm, der erstrebenswerter ist als ein langes, friedliches Leben.

Das zweite Zeitalter ist das der Geschichtsphilosophien. Sie erheben den Anspruch, den Sinn, die Bedeutung und die Richtung der Menschheitsgeschichte zu bestimmen, und rekonstruieren die Realität jeweils auf der Grundlage einer einzigen Triebkraft: der Leidenschaften, die bei Hegel die List der Vernunft darstellen, oder des Klassenkampfes, der nach Marx schließlich zur kommunistischen Gesellschaft führen muss.

Die politischen Utopien, aber auch die Ideale der Freiheit und der Gerechtigkeit, für die Frauen und Männer zum Beispiel in der Résistance kämpften, verliehen ihrem individuellen Leben Dichte. Befriedigung und Wohlergehen bildeten nicht den einzigen Horizont des individuellen Handelns. Der Sieg über die Nazis und der Aufbau einer gerechteren Gesellschaft waren es wert, seine Ruhe und sogar sein Leben zu opfern.

In den traditionalen Gesellschaften wie auch in den kommunistischen Regimen, die ein Beispiel für das Abgleiten der

Geschichtsphilosophien in den Totalitarismus darstellen, zählt der Mensch nur aufgrund seiner Zugehörigkeit zu einem Stand oder einer Gemeinschaft. Das ist alles andere als ideal. Wir können die Tradition der subjektiven Rechte gar nicht genug schätzen, die mit der Anerkennung des individuellen Werts jedes einzelnen Menschen und der Entschlossenheit der Rechtsstaaten einhergeht, die Freiheit jedes einzelnen Menschen zu schützen und alle so leben zu lassen, wie sie selbst es für richtig halten, sofern sie durch ihr Handeln anderen keinen Schaden zufügen.

Die Enthüllungen über die sowjetischen Straflager und der Fall der Berliner Mauer, die das Ende der Geschichtsphilosophien einläuteten und Utopien zu einem politischen Tabu machten, überließen den Platz dem Markt und der Ökonomie. Als einzige Orientierungslinien blieben den Menschen nur der Konsum materieller Güter und das damit verbundene Prestige. Nach und nach verloren sie den Sinn für das, was sie mit anderen Menschen verband. Heute, da jeder für sich existiert, messen die Menschen ihren Erfolg oder Misserfolg an dem, was sie ansammeln, und vergleichen sich unablässig mit den anderen. Dieser ausschließlich individuelle Daseinshorizont, der das Geld und das Streben nach Ansehen zu den höchsten Gütern gemacht hat, erklärt sowohl die Unzufriedenheit der Menschen als auch das Klima der Spaltung, das die gesellschaftliche Harmonie gefährdet.

Dieses dritte Zeitalter, das nach dem Zusammenbruch des Kommunismus entstand, sodass der Kapitalismus heute das einzige bestehende System darstellt, ist das Zeitalter der Verzweiflung. Diese Verzweiflung ist zugleich sozialen, politischen und anthropologischen Charakters. Der Einzelne nimmt sich nur noch als Produktions- und Konsumkraft wahr. Er hat alles verloren, was ihn einst an der gemeinsamen Welt teilhaben ließ. Die Gadgets und die kleinen Siege, die er gegen die Anonymität zu erringen vermag, können seine innere Leere nicht füllen. Keine Bindungen und keine Zuneigung verleihen seinem Leben einen Sinn, denn das Leben hat keinen Sinn und keinen Reiz, wenn man nur für sich selbst existiert.

Wie Hannah Arendt in ihrem Buch über die *Elemente und Ursprünge totaler Herrschaft* dargelegt hat, ist Verzweiflung typisch für die Massendemokratien, in denen der Einzelne nicht genügend innere Kraft besitzt, um Widerstand gegen jegliche autoritäre Politik zu leisten, die die Menschen entwürdigt und die gemeinschaftliche Welt zerstört. Diese gemeinschaftliche Welt, die uns bei unserer Geburt empfängt und auch nach unserem Tod fortexistieren wird, besteht aus dem natürlichen und kulturellen Erbe, den Werken der Menschen und der Natur. Insbesondere umfasst sie alles, was uns mit den vergangenen, gegenwärtigen und zukünftigen Generationen verbindet. Sie schenkt unserem Dasein, wie die Philosophin in ihrem Buch *Vita activa oder vom tätigen Leben* schreibt, eine Art irdischer Unsterblichkeit, und sie verleiht dem öffentlichen Raum Substanz, der sich nicht auf kurzfristige Eingriffe beschränken darf.

Da unser Handeln Bedeutung für uns und unsere Nächsten besitzt und diese Bedeutung auch Auswirkungen auf andere Menschen wie auch nichtmenschliche Lebewesen und die gemeinsame Welt hat, sollten wir in dem Wissen leben, dass unser individueller Tod nicht das Ende der Welt ist. Dieses Selbstverständnis hilft dabei, die eigene Sterblichkeit und die eigenen

Grenzen, das Große wie auch das Kleine zu akzeptieren. Es hilft uns auch, uns selbst zu verorten und uns zu fragen, was wir für die anderen tun können, denn es macht uns sensibel für das Schicksal der anderen und auch für das Los der Tiere, die diese Erde bewohnen.

Die Entsubjektivierung, die viele heute erleben, ist dagegen die Erfahrung einer Ohnmacht und eines Selbstverlusts, die paradoxerweise mit dem verzweifelten Wunsch einhergehen, sich mit allen Mitteln durchzusetzen. Die Beherrschung von allem, was sich dem eigenen Willen und der Vorhersagbarkeit entzieht, die panische Angst vor dem Altern und seinen körperlichen Veränderungen wie auch vor Behinderungen, der Wunsch, das Genom zu verändern, die Tatsache, dass Frustration als Niederlage und der Tod als Ungerechtigkeit empfunden werden – all das kennzeichnet das Selbstverständnis von Menschen, die nur die individuelle Dimension des Daseins wahrzunehmen vermögen, aber ebenso kennzeichnet es ihr Verhältnis zu den anderen und zur Technologie. Dieser Wunsch nach Kontrolle, der auch Ausdruck der Angst angesichts der eigenen Verletzlichkeit wie auch der Verletzlichkeit der anderen ist, geht einher mit der Versuchung, das Anderssein des Anderen zu verleugnen, und mit dem Bedürfnis nach Herrschaft. Das leere und totale Subjekt, das in sich selbst eingeschlossen ist und verzweifelt nach sich selbst sucht, ist zugleich Opfer und Werkzeug der Gewalt.

Diese Gewalt ist in den meisten Fällen legal wie etwa in den Schlachthäusern und den Versuchslabors. Sie wird vor allem gegen Tiere und gegen die verletzlichsten Lebewesen ausgeübt, die am zerbrechlichsten sind und sich nicht selbst verteidigen können. Diese Gewalt bricht vielerorts aus und richtet sich gegen beliebige Menschen, zum Beispiel in unseren Städten. Zu den menschlichen Opfern solcher gewalttätigen Zeiten, in Kriegen und bei Anschlägen, bei Vergewaltigungen und Geiselnahmen, sind noch die tierischen Opfer in den bombardierten Städten, den aufgegebenen Zoos hinzuzufügen oder auch die gefangenen Tiere, die verhungern und verdursten, und die Fälle, in denen geistig verwirrte Menschen Katzen und Hunde quälen, ihre Untaten aufzeichnen und als Video verbreiten.

Obwohl diese Gewalttaten nicht dieselben Ursachen haben und nicht dieselben Lebewesen treffen, haben sie doch eines gemeinsam: Sie verraten einen vollständigen und hemmungslosen Mangel an Achtung vor dem Leben. Es ist die heutige Form des Nihilismus. Nihilismus ist nach Leo Strauss «der Wunsch, die gegenwärtige Welt und ihre Potenziale zu zerstören, und das ohne eine klare Vorstellung davon, was man an deren Stelle setzen möchte». Das heißt nicht, dass der Terrorismus der Spiegel einer Gesellschaft wäre, die jedes Ansehen verloren hat, weil Profitstreben und Konsummentalität ihre Ideale verdunkeln und immer mehr Menschen als Ausgestoßene zurückbleiben. Dennoch besteht durchaus ein Zusammenhang zwischen dem Terrorismus und der Gewalt, die wir gegen andere Menschen und nichtmenschliche Lebewesen ausüben.

Leo Strauss schrieb in seiner Analyse der jungen deutschen Nihilisten, die dem Nationalsozialismus anhingen, sie hätten ihre tiefe Abneigung gegen eine Welt zum Ausdruck gebracht, die in ihren Augen dem Erhabenen keinen Platz ließ. Ihre Revolte sei insofern unscharf gewesen, als sie nicht gewusst hätten, was sie an die Stelle der von ihnen gehassten Gesellschaft setzen sollten. Es habe ihnen jegliches Denken gefehlt, das ein Gegengewicht zum Nihilismus hätte bilden können. Jene, die sich gegen diese Nihilisten auf die Prinzipien und Werte der Zivilisation beriefen, hätten dies in defensiver Weise getan, als besäßen diese Prinzipien nicht genügend eigene Kraft oder als wären sie bereits verstaubt. Die jungen Nihilisten hätten Lehrer alter Schule gebraucht, die ihnen hätten zeigen können, wo sie in der Tradition Orientierung in ihrem Aufklärungsprozess finden konnten, und die ihnen die positiven Motive ihrer Revolte verdeutlicht hätten, um ihnen zu helfen, sie in ein konstruktives Ideal zu verwandeln. Doch die Einzigen, die sie verführten, weil sie die Erschütterung des universalistischen und rationalistischen Ideals der Aufklärung seit Friedrich Nietzsche und dem Ersten Weltkrieg ernst nahmen, seien selbst durch den Nationalsozialismus kompromittiert gewesen. Das habe etwa für Martin Heidegger und Carl Schmitt gegolten. So hätten die jungen deutschen Nihilisten die Zivilisation rundweg verworfen und sich für das wilde und brutale Chaos entschieden.

In mancherlei Hinsicht ähnelt unsere Situation der Lage der Europäer in den 1930er Jahren. Und auch die von der heutigen Welt und dem Westen provozierte Revolte ist meist unscharf. Dennoch stehen wir an einem Scheideweg. Denn gerade entsteht ein neues Denken. Es verbindet Respekt vor den Lebewesen mit der Annahme unserer eigenen Verletzlichkeit und bringt so die Sehnsucht vieler Menschen zum Ausdruck, die sich vor den neuen Formen fürchten, welche das wahnhafte Streben nach Herrschaft gegenwärtig annimmt, etwa in Gestalt des Transhumanismus. Da dieses neue Denken die strategische Bedeutung der Tierfrage, den Zusammenhang zwischen der

Gerechtigkeit gegenüber den Tieren und unserer Versöhnung mit uns selbst betont, kann es zugleich ein Bollwerk gegen den Nihilismus sein.

So befinden wir uns denn an der Schwelle zu einem neuen Zeitalter, dem Zeitalter der Lebewesen. Der Respekt vor den Lebewesen, zu denen die Tiere geradeso wie wir selbst gehören, definiert eine Moral, die sich nicht auf Pflichten und Verbote beschränkt. Dahinter steht vielmehr eine Philosophie des Subjekts, die mit einem neuen Verständnis des Menschen verbunden ist.

Bisher trennten die modernen westlichen Philosophien das Individuum von den übrigen Menschen und den übrigen Lebewesen und verstanden Freiheit als Loslösung von der Natur. Diese atomistische Definition des Subjekts war notwendig, um jedem Menschen eine Würde zuzuschreiben und die Freiheit statt der Unterwerfung unter Tradition oder Religion zur Grundlage des Staates zu machen. Diese Abstraktion war eine für die Philosophie der Menschenrechte unerlässliche theoretische Fiktion. Mit der Zeit jedoch taten wir so, als wäre dies eine exakte Abbildung der *conditio humana*. Wir blendeten aus, was uns mit anderen Menschen und nichtmenschlichen Lebewesen verbindet, und glaubten, nur unsere Freiheit definiere die *Subjektivität**. Doch unsere Körperlichkeit, unsere Verletzlichkeit und unsere Stellung als gezeugte Lebewesen, unser Bedürfnis nach Luft, Wasser, Nahrung und Raum, die den stets relationalen Charakter des Subjekts unterstreichen, sorgen dafür, dass auch die übrigen Lebewesen in den Kernbereich der Ethik und der Gerechtigkeit rücken.

Das Zeitalter der Lebewesen macht es unerlässlich, Ethik

und Politik in einer Philosophie des Subjekts zu verankern, die notwendig auch die Frage der Tiere in ein Projekt zum sozialen und demokratischen Wiederaufbau einschließt. Diese Verbindung von Anthropologie und Politik öffnet den Weg zu einem Programm, das es möglich macht, die Regeln einer gerechten Koexistenz zwischen Menschen und Tieren zu definieren, die sowohl auf kurze als auch auf lange Sicht unsere Zukunft darstellt.

ZWEITER TEIL

DIE POLITISIERUNG DER TIERFRAGE

1. Gerechtigkeit gegenüber den Tieren

Unser Verhältnis zu den Tieren zeugt von der Ungerechtigkeit unseres Rechts. Nur die Interessen der Menschen finden in der sozialen und politischen Organisation der Gesellschaft Berücksichtigung. Die Tiere werden behandelt, als wären sie unsere Sklaven. Dennoch bilden sie mit uns eine gemischte Gemeinschaft, denn wir leben im selben Raum. Auf der Erde leben heißt stets, mit den übrigen Lebewesen zusammenzuleben. Die Tiere sind da und haben ein Lebensrecht.

Sobald wir auch den materiellen Charakter des Daseins, den Raum, ernst nehmen und nicht nur Begriffe wie Freiheit oder Zeit, begreifen wir, dass Gerechtigkeit in allererster Linie eine Frage des Teilens von «Nahrung» mit den übrigen Lebewesen ist. Mit «Nahrung» ist all das gemeint, wovon wir leben. Sie umfasst die Nahrungsmittel im engeren Sinne, die Luft, das Wasser, die Umwelt, und verweist auf den engstens mit dem Leben verbundenen Gedanken des Reifens. Da wir Wesen aus Fleisch und Blut sind und unsere Existenz von Stofflichkeit und Schwere geprägt ist, stößt unser Leben allenthalben auf die Existenz der anderen Lebewesen.

Ob wir wollen oder nicht, wir stehen in Beziehung zu ihnen. Wenn wir eine Autobahn oder einen Flughafen bauen, verändern wir die von unseren Vorfahren hinterlassene Landschaft, um unseren Verkehr zu erleichtern. Unsere Aktivitäten haben auch Folgen für Tiere, manche betreffen sie ganz unmittelbar, etwa die Tierzucht, die Fischerei, die Jagd, der Handel mit Wildtieren, die Landwirtschaft, der Bau von Gebäuden, die Rodung von Wäldern, die Einrichtung einer Mülldeponie oder die Erweiterung der Städte. In diesem Sinne ist unsere Politik stets Zoopolitik. Dennoch tun wir weiterhin so, als besäßen die Tiere keine Rechte.

Die Zoopolitik oder die gemischte Gemeinschaft, die wir mit den Tieren bilden, ist eine faktische Gemeinschaft. Sie ist zugleich auch eine politische Gemeinschaft. Unsere Interessen und die der Tiere sind oft gegensätzlich, und es gibt Konflikte um die Nutzung von Ressourcen, wie man sie schon in den sogenannten primitiven Gesellschaften beobachten konnte. Diese politische Gemeinschaft stellt sich gewissermaßen naturwüchsig ein, erreicht mit der Domestizierung und der Industrialisierung der Landwirtschaft jedoch eine neue Stufe.

Die Ausbeutung der Tiere stellt ein rechtliches Problem dar, denn sie setzt voraus, dass die Rechte der Tiere denen der Menschen untergeordnet sind. Umgekehrt verlangt die Gerechtigkeit gegenüber den Tieren, dass sowohl die Interessen der Menschen als auch die der Tiere berücksichtigt werden. Der Widerstand ist hier groß, weil der Gedanke der Gerechtigkeit gegenüber den Tieren letztlich auch die Ausbeutung der Tiere und damit fast alle Praktiken im Zusammenhang mit Tieren in Frage stellt, aber auch weil die Berücksichtigung der Interessen der Menschen und der nichtmenschlichen Lebewesen von den Menschen gewollt sein muss. Nur sie haben die Macht, eine *Zoopolis** zu erschaffen.

Es liegt auf der Hand, dass die Tiere keine Gerichte und Gesetzbücher besitzen, die sie nutzen könnten, um ihren Rechten Geltung zu verschaffen und uns zu verklagen. Sie stellen keine politische Kraft dar. Das ändert allerdings nichts daran, dass wir uns in unserer staatlichen Politik ihrer Interessen annehmen müssen.

2. Die Tiere sind keine Bürger, sondern politische Subjekte

Wir können die Tiere nicht politisch vertreten. Denn politische Vertretung setzt voraus, dass die Vertretenen ihre Vertreter abwählen können, falls sie den Eindruck haben, dass ihre Interessen von ihnen nicht mehr ausreichend vertreten werden. Der Vertreter ist definitionsgemäß ein Bevollmächtigter, der den Willen der Bürger in den Ratsversammlungen zum Ausdruck bringt, in denen sie nicht selbst sitzen können.

Die Tiere sind nicht unsere Mitbürger, da sie sich nicht selbst als Teil unserer politischen Gemeinschaft verstehen. Selbst wenn das Leben der Haustiere in einem engen Zusammenhang mit den Verbindungen steht, die sie zu einer Gruppe von Menschen oder einer Familie geknüpft haben, fühlen sie sich nicht als Teil einer bestimmten politischen Gemeinschaft oder eines Staates. Die politischen Verbindungen gleichen nicht den Familienbanden, und das Gefühl, eine Familie zu haben, reicht noch nicht aus, um ein guter Bürger zu sein.

Noch bevor die Staatsbürgerschaft bestimmte Rechte verleiht, setzt sie voraus, dass man eine mehr oder weniger klare Vorstellung vom Gemeinwohl besitzt, das den Geist einer Gemeinschaft, ihre politische Identität und ihre Verfassung oder *politeia* prägt. Auch Menschen mit schweren kognitiven Beeinträchtigungen und selbst Kinder, die ab einem gewissen Alter verstehen können, was ein Staat ist und dass zwischen den Staatsbürgern wie auch zwischen Staaten Interessenkonflikte bestehen mögen, verfügen über das Selbstbild und die Vorstellung von politischer Gemeinschaft, ohne die der Gedanke des Staatsbürgers keinen Sinn hätte.

Nur Menschen können also im vollen Sinne Bürger sein, und zwar unabhängig von ihrer Fähigkeit, ihrem Willen Ausdruck zu verleihen, und von ihrer Beteiligung an kollektiven Entscheidungen. Die Tiere sind politische Subjekte, denn sie haben Interessen und individuelle Präferenzen, die sie auch mitzuteilen vermögen, selbst wenn ihre Lebensbedingungen ihnen das meist nicht erlauben. Diese Fähigkeit zu handeln wird den Ausgangspunkt für die Verhandlungen bilden, die wir Menschen führen müssen, um gerechte Regeln für die Koexistenz der Menschen und der nichtmenschlichen Lebewesen zu bestimmen.

Denken wir daran, dass Gerechtigkeit gegenüber Abhängigen, etwa gegenüber dementen alten Menschen oder Behinderten, nur dann möglich ist, wenn entsprechende soziale und politische Strukturen geschaffen werden, die ihnen den Zugang zu Wohnung, Arbeit und der Ausübung ihrer bürgerlichen Rechte sichern. Hier geht es darum, dass ihre Rechte nicht nur auf dem Papier stehen und ihre Freiheiten nicht bloß formellen Charakter haben, sondern dass diese Rechte auch tatsächlich ausgeübt werden können und zu realen Freiheiten führen.

Die Unterscheidung zwischen formaler und realer Freiheit, die von Karl Marx stammt, nahm der Nobelpreisträger Amartya Sen auf, um seinen *Befähigungsansatz** darauf zu gründen.

Dort geht es darum, sich anzuschauen, was ein Mensch zu einem bestimmten Zeitpunkt tun kann, um dadurch zu erkennen, ob er die ihm in Gestalt von Geld, Dienstleistungen und Rechten zugewiesenen Güter zu nutzen vermag. Falls er zum Beispiel gelähmt ist und deshalb die Verkehrsmittel nicht nutzen kann oder falls er nicht lesen kann, sind Bewegungsfreiheit und Wahlrecht für ihn rein formellen Charakters. Bei der Messung der Ungleichheit müssen wir den Akzent auf das setzen, was einen Menschen von vornherein hindert, diese Rechte in funktionierende Fähigkeiten zu verwandeln (*Befähigung**). Es geht darum, durch geeignete staatliche Dienstleistungen für eine Angleichung der Fähigkeiten – und nicht der Realisierungen – zu sorgen. Die Gerechtigkeit verlangt auch, dass ihr Wille respektiert wird und dass sie nicht nur passive Empfänger der ihnen gesetzlich zustehenden Rechte sind, aber nicht selbst darüber entscheiden dürften. Damit ihre Standpunkte und Interessen berücksichtigt werden, benötigen sie die Hilfe anderer Menschen, die ihren Willen entziffern und sie durch die Bereitstellung der nötigen Mittel unterstützen. Die Helfer übermitteln diesen Willen auch an die Entscheidungsträger.

Dies ist das Modell der bedingten *Handlungsfähigkeit**. Ein Mensch kann autonom sein, obwohl er wegen kognitiver Beeinträchtigungen für unmündig erklärt worden ist, weil auch er Wünsche und Werte hat, und man kann ihn begleiten, um diese Wünsche und Werte in Handeln umzusetzen. Der Übergang von der Ethik zur Gerechtigkeit gegenüber Abhängigen setzt voraus, dass man über die Dinge hinausgeht, die nötig sind, um ihre Pflege zu sichern, und dass man sie einlädt, auf die eine oder andere Weise an der Welt teilzuhaben, sodass auch das, was sie zu sagen haben, in die kollektiven Entscheidungen Eingang findet.

Dieses Modell lässt sich auch auf die Tiere übertragen und bildet den Kern jeder politischen Theorie, die die Gerechtigkeit gegenüber ihnen fördern möchte. Diese politische Theorie verlangt, dass die festzulegenden Regeln der gemischten Gemeinschaft, die wir mit den übrigen empfindungsfähigen Lebewesen bilden, deren Handlungsfähigkeit berücksichtigen und dass diese Handlungsfähigkeiten den Ausgangspunkt für die ihnen zu gewährenden Rechte bilden. Die Rechte der Tiere sind ebenso wie der Wert, den wir der Natur zuschreiben, durchaus nicht *anthropozentrisch** oder abhängig von der menschlichen Sicht, auch wenn sie *anthropogen** sind, weil sie von Menschen entdeckt und formuliert werden.

Jedenfalls lässt sich Gerechtigkeit nicht auf die Summe der Rechte beschränken, die verschiedenen Lebewesen zugeschrieben werden, vielmehr kennzeichnet sie die Struktur der Gesellschaft. Eine gerechte Gesellschaft setzt voraus, dass die Interessen aller Mitglieder einer Gemeinschaft in gleichem Maße berücksichtigt werden, wobei es sich in unserem Fall um eine gemischte, aus Menschen und nichtmenschlichen Lebewesen bestehende Gemeinschaft handelt. Eine ungerechte Gesellschaft akzeptiert dagegen Diskriminierung. Das Recht ist ein Mittel zum Schutz der Mitglieder einer Gemeinschaft vor Diskriminierung und zur Förderung der Gerechtigkeit. Es setzt nicht voraus, dass alle gleich behandelt werden, sondern verlangt, dass die von den Menschen ausgehandelten Regeln der Koexistenz auf der Grundlage des jedem Mitglied zugewiesenen Status definiert werden.

Auch Pflanzen können Opfer von Vorurteilen werden, doch nur empfindungsfähige Lebewesen erleben dies in der ersten Person, auf subjektive und individuelle Weise. Im Blick auf die Pflanzen sollten wir von Respekt sprechen, die Verletzung der Interessen von Tieren und Menschen stellt dagegen ein Problem für die Gerechtigkeit dar und bedeutet, dass sie Träger von Rechten sind. Das Empfindungsvermögen beschränkt sich nicht auf die Fähigkeit eines Wesens, Schmerz und Leid zu empfinden, sondern umfasst auch den Wunsch, zu leben und zu gedeihen, die Angst vor dem Tod und den Widerstand gegen aufgezwungene Bedingungen sowie den Ausdruck von Freude und des Willens, mit anderen zu kooperieren und Bande mit ihnen zu knüpfen. Die Menschen – einschließlich jener, die keine *denkenden Akteure** sind und ihre Lebensphilosophie weder zum Ausdruck bringen noch darüber debattieren können – und die Tiere sind keine passiven Objekte der Moral und des Rechts (*moral patients** – gleichsam moralisch Behandelte im Unterschied zu moralisch Handelnden). Sie verfügen vielmehr über Handlungsfähigkeit und sind moralische wie auch politische Subjekte.

Gerechtigkeit erfordert nicht, dass die Subjekte sich aufgrund einer Gleichheit der Macht oder der Begabung in einer durch Symmetrie und Gegenseitigkeit gekennzeichneten Situation befinden. Symmetrie gehört nicht mehr zu den Voraussetzungen der Gerechtigkeit, seit die Frage der Bürgerrechte abhängiger oder verwundbarer Personen die Struktur des politischen Liberalismus verändert hat. Von Thomas Hobbes bis John Rawls basierte der politische Liberalismus auf einer Vorstellung sozialen Lebens, die von Geben und Nehmen geprägt war. Sie berücksichtigte keine Situationen der Verletzlichkeit, wie sie durch Krankheit, Unfälle, Behinderung oder Alter ausgelöst werden, in denen man nicht immer ebenso viel geben wie nehmen kann.

Die Politisierung der Tierfrage profitiert von dieser Vorgabe, doch das heißt nicht, dass wir den Status von Tieren mit dem von Menschen in abhängiger Lage verwechseln dürften. Diese Unterscheidung ist auch einer der Gründe, weshalb wir keinen Missbrauch mit einer auf Sonderfälle ausgerichteten Argumentation treiben sollten, wie sie in der Tierethik sehr beliebt ist. Mit dieser Argumentation prangert man die Tatsache an, dass wir der Vernunft und der artikulierten Sprache große Bedeutung beimessen und sie sogar zu Kriterien für Moral und Recht erheben, während wir an Affen Versuche durchführen, die wir an anenzephalen Säuglingen oder Menschen mit schweren zerebralen Behinderungen niemals durchführen würden, obwohl deren kognitive Fähigkeiten geringer entwickelt sind als die der Versuchstiere.

Gerechtigkeit gegenüber Tieren und gegenüber besonders verletzlichen Menschen kann es nur geben, weil Menschen dies so beschließen und weil sie dabei auf den Gedanken einer Gerechtigkeit verzichten, der auf Geben und Nehmen oder auf speziesistischen Kriterien beruht. Jedenfalls sind die Tiere nicht in derselben Weise Bürger wie Demente oder Behinderte. Sie haben nicht nur andere Wünsche, sondern haben auch eine andere Wahrnehmung ihrer Lage.

Ein Affe, dem man eine Belohnung vorenthält, obwohl er getan hat, was man von ihm verlangt hatte, der aber sieht, dass ein anderer Affe die Belohnung erhält, obwohl er gar nichts getan hat, empfindet das als ungerecht und zeigt es auch. Allerdings empfindet er solche ungerechte Ungleichheit nur im Blick auf sich selbst und auf Lebewesen, die er sehen kann.

Menschen – selbst jene, die unter schweren Behinderungen leiden – empfinden dagegen Ungerechtigkeit, die ihnen angetan wird, aber auch ihrer Gruppe, ob es sich dabei nun um Menschen mit derselben Behinderung handelt oder um Angehörige derselben Minderheit oder sämtliche Bürger eines Landes oder sogar die ganze Menschheit. Diese Art, die eigene Identität zu denken, indem man sie mit einer Gemeinschaft verknüpft, die über den engen Kreis der anwesenden Personen hinausreicht, ist eine Eigentümlichkeit des Menschen. Sie erklärt, warum wir in der Lage sind, uns Sorgen um das Schicksal anderer Lebewesen zu machen, die noch gar nicht geboren sind, die weit von uns entfernt leben oder die allzu viele sind, als dass wir sie uns vorstellen und ihnen gegenüber Mitgefühl empfinden könnten. Sie hängt mit unserer Fähigkeit zusammen, uns in Zeit und Raum zu projizieren, und mit unserem Gedächtnis, mit der Tatsache, dass wir eine Geschichte haben, die unsere Identität bestimmt. Auch ein mehrfachbehinderter Mensch ist bewegt von Enthüllungen über Verbrechen gegen die Menschlichkeit, und das verändert seine Wahrnehmung seiner selbst und der Welt. Diese Dichte unserer persönlichen Identität ist stets mit dem Kollektiv verbunden und verleiht unserem Leben eine politische Dimension. Nur der Mensch kann verantwortlich für alle Lebewesen sein und sich mit ihnen als Angehöriger einer politischen Gemeinschaft fühlen.

Deshalb erfordert Gerechtigkeit nicht, dass alle Mitglieder

der politischen Gemeinschaft, die wir zusammen mit den Tieren bilden, Bürger wären. Wenn wir wollen, dass die Interessen der Tiere anerkannt werden und das Recht tatsächlich einen Beitrag zu ihrem Schutz leistet, indem es festlegt, was wir mit ihnen machen oder nicht machen dürfen, dann ist es wichtig, Vermischungen zu vermeiden. Wenn der Ausdruck *Zoopolis*, der keine Tierdemokratie bezeichnet, sondern eine demokratische Gesellschaft, die die Rechte der Menschen mit den Interessen der Tiere versöhnt, nicht zu einem Kofferwort werden soll, müssen wir uns fragen, was für eine politische Theorie der Tierrechte erforderlich ist und wie ein Staat aussähe, der sie ernst nähme.

3. Tierrechte und Verantwortung des Menschen

Wer die Tierfrage politisiert, sollte aus dem relativen Scheitern der Tierethiken und all jener Rechtstheorien lernen, denen es nicht gelungen ist, das Ausbeutungssystem zu zerschlagen, das alljährlich Milliarden empfindungsfähigen Lebewesen unerträgliches Leid zufügt. Noch nie haben wir so viel über die Lebensbedingungen und den Tod von Tieren debattiert, aber in der Realität hat sich für sie nichts verändert.

Die Tierfrage zu politisieren heißt, die Koexistenz zwischen Menschen und nichtmenschlichen Lebewesen so zu organisieren, dass die Interessen der Tiere in die Definition des Gemeinwohls Eingang finden. Wir müssen von der Tatsache ausgehen, dass wir die Erde mit den Tieren teilen und dass unsere Beziehungen zu ihnen nicht nur die Pflicht zu einem humanen Umgang mit ihnen implizieren, sondern auch Pflichten, die im Recht niedergelegt sind.

Die klassischen Theorien sprechen den Tieren elementare universelle Rechte zu, um ihre Unverletzlichkeit zu schützen und sie so vor Tod, Verstümmelung und Einsperren zu bewahren. Diese Verbote stehen jedoch nur auf dem Papier, denn solange der Tierschutz nicht zu den Staatszielen gehört, bleibt das Recht unwirksam. Es kann sogar als Alibi genutzt werden, wie dies bei einigen EU-Richtlinien erkennbar ist, die nicht immer beachtet werden und sich oft auf die Forderung nach einer Vergrößerung der Käfige beschränken, wodurch sich die Lebensbedingungen der Tiere nicht wirklich verbessern.

Nur eine politische Theorie, die Grenzen aufzeigt, welche wir bei der Nutzung von Ressourcen und in unserer Beziehung zu Tieren nicht überschreiten dürfen, kann uns bei der Schaffung einer gerechten Gesellschaft helfen, in der die Beziehungen zwischen den Menschen und den nichtmenschlichen Lebewesen nicht ausschließlich zum Vorteil der Menschen gestaltet werden. Dieser politische Ansatz im Tierrecht unterscheidet sich von einer rein juristischen Betrachtung, in der das Recht noch Symptom der uneingeschränkten Herrschaft des Menschen ist, der zu seinen Zwecken über Leben und Tod aller übrigen Lebewesen entscheidet und die übrigen Lebewesen dazu verdammt, nur umsorgte oder verachtete, aber in jedem Fall passive Objekte zu sein.

Wenn wir von unseren Beziehungen zu den Tieren ausgehen, bedeutet das nicht, dass der Wert der Tiere von diesen Beziehungen abhinge, sondern dass es die Aufgabe des Rechts ist, die Regeln des Zusammenlebens der verschiedenen Lebewesen festzulegen. Den Ausgangspunkt für die Rechte der Tiere bildet deren *Handlungsfähigkeit**: Die Menschen formulieren in rechtlichen Begriffen, was die Tiere rechtens von ihnen erwarten dürfen.

Die von Sue Donaldson und Will Kymlicka in ihrem Buch *Zoopolis* entwickelte relationale Theorie der Tierrechte kommt diesem Anspruch besonders nahe, da sie dort von einem Verbote aussprechenden Diskurs zu einem Diskurs übergehen, der unsere positiven Verpflichtungen gegenüber den Tieren expliziert. Ihr Buch bietet wichtige Wege zur Gestaltung einer Gesellschaft, in der wir den Tieren möglichst wenig Leid zufügen und in der wir die Beachtung ihrer Interessen garantieren, sofern unser eigenes Überleben dadurch nicht gefährdet ist.

Donaldson und Kymlicka, die weder für den *Abolitionismus** noch für den Vegetarismus werben, sind der Ansicht, dass manche Praktiken im Zusammenhang mit Tieren, etwa der Einsatz von Blindenhunden, durchaus legitim seien. Das wäre indessen fallweise zu prüfen, denn hier hängt alles davon ab, wie die für therapeutische Zwecke benutzten Tiere aufgezogen und behandelt werden. Wie dem auch sei, da ihre relationale Rechtstheorie die konkreten, differenzierten Verpflichtungen betont, die wir gegenüber verschiedenen Arten von Tieren haben, vermag sie zu zeigen, welche Praktiken schlicht und einfach Missbrauch sind und deshalb verboten werden sollten.

Donaldson und Kymlicka unterscheiden zwischen den Haustieren, die wir von uns abhängig gemacht haben, den Wildtieren, die nach ihren eigenen Normen in ihren Territorien leben wollen, und den *Kulturfolgern**, die sich in unserer Nähe niederlassen, um dort Nahrung zu finden. Sie zeigen, dass wir unsere Heimtiere ernähren und vor Raubtieren schützen müssen, nicht aber Hirsche und Gazellen, die in der Savanne leben. Das heißt allerdings nicht, dass der Grundsatz, wonach wir nicht in die Beziehungen innerhalb der Wildfauna eingreifen sollten, unverrückbar wäre. Im Gegenteil, die von den Menschen erzeugte Umweltverschmutzung muss behoben werden. Und schließlich dürfen wir uns nicht so verhalten, als ob Kulturfolger wie Mäuse, Eichhörnchen oder Füchse kein Recht auf Leben hätten. Hier geht es darum, ihre Vermehrung durch Maßnahmen in Grenzen zu halten, bei denen die unmittelbare Tötung eine Ausnahme darstellt.

Um unsere Verpflichtungen gegenüber diesen drei Gruppen von Tieren zu verdeutlichen, stützen Donaldson und Kymlicka sich auf die Bürgerrechtstheorie, wie sie durch den Multikulturalismus erneuert wurde. Den Dreh- und Angelpunkt dieser Theorie bildet die Unterscheidung zwischen universellen Grundrechten und differenzierten Rechten. Die Passagiere eines in New York landenden Flugzeugs haben ganz unabhängig von ihrer Staatsangehörigkeit alle das Recht auf Schutz vor Folter und vor Versklavung. Diese universellen Grundrechte verleihen ihnen jedoch nicht das Wahlrecht oder das Aufenthaltsrecht in den USA. Wenden wir diese Unterscheidung auf die Tiere an, können wir die Theorie, die ihnen universelle Grundrechte zubilligt, durch eine Theorie jener Rechte vervollständigen, die ihnen aus ihrem Status erwachsen.

Da der Begriff der Souveränität sich auch auf Völker anwenden lässt, die nicht in Staaten organisiert sind, gelangen Donaldson und Kymlicka zu der Einschätzung, dass man ihn auch auf Wildtiere übertragen kann, die keine Beziehung zu uns herstellen wollen, aber in einem eigenen Territorium und gelegentlich auch in Gesellschaften mit eigenen Regeln leben. Es ist ungerecht, den Wald zu zerstören, als wäre er vollkommen unbewohnt, oder Tiere aus ihrer Umwelt herauszureißen und in Gefangenschaft zu halten. Souveränität verlangt Respekt vor den einer Gemeinschaft eigenen Regeln. Dennoch sind die Beziehungen zwischen Menschen und Wildtieren nicht gleich den Beziehungen zwischen Staaten oder souveränen Gesellschaften, wo jeder Teil ungeachtet der Machtunterschiede den anderen den Krieg erklären kann.

Unsere Verpflichtungen gegenüber den tierischen Kulturfolgern schließlich resultieren aus ihren universellen Grundrechten, aber wir schulden ihnen nicht denselben Schutz, wie wir ihn unseren Haus- und Heimtieren schulden. Donaldson und Kymlicka vergleichen die tierischen Kulturfolger mit Menschen, die ein Aufenthaltsrecht besitzen. Dieser Vergleich macht es möglich, auf die Einwände derer zu antworten, die sich über die Tierschützer lustig machen und sie fragen, ob sie denn auch bereit wären, Wanzen und Flöhe in gleicher Weise zu schützen wie ihre Hunde. Wenn man jedoch den tierischen Kulturfolgern denselben Status zugesteht wie den Haustieren, bringt uns das in Verlegenheit, denn die – selbst nur in Ausnahmefällen – gegebene Berechtigung, zum Beispiel Mäuse zu töten, ist im Blick auf Migranten nicht akzeptabel.

Kurz gesagt, haben wir erst einmal erkannt, dass die Tierfrage ein politisches Problem ist, stellt sich die schwierige Frage, wie die Tiere Eingang in die Politik finden können. Die von Donaldson und Kymlicka vorgeschlagene Übertragung menschlicher Kategorien auf die Tiere setzt eine politische

Gleichheit zwischen Menschen und Tieren voraus. Nun gibt es aber eine unüberwindliche Asymmetrie zwischen ihnen und uns. Das verstärkt indessen nur unsere Verpflichtung, Gesetze zu erlassen, die nicht allein den Menschen dienen.

Diese Asymmetrie ergibt sich aus der Tatsache, dass die Tiere nur dann Rechte haben können, wenn die Menschen sie ihnen gewähren. Das positive oder bestehende Recht setzt Sprache und sogar Schrift voraus. Wenn die Interessen der Tiere in die Definition des Gemeinwohls Eingang finden sollen, müssen die Menschen diese Interessen anerkennen und – oft von Fall zu Fall – die Grenzen aushandeln, die wir in unserem Handeln nicht überschreiten dürfen, soweit Tiere davon mittelbar oder unmittelbar betroffen sind. Anders gesagt, wenn eine gegenüber den Tieren gerechte Gesellschaft entstehen soll, müssen die Menschen das wollen. Außerdem müssen sie dies angesichts anderer Menschen tun, die nicht unbedingt bereit sind, diesen Wandel zu akzeptieren, der den Sinn und Zweck der Politik verändert und beträchtliche Folgen für ihre wirtschaftlichen Aktivitäten wie auch ihr alltägliches Leben hat.

Eine *Zoopolis** kann nur entstehen, wenn die Tierfrage Eingang in die Demokratie findet. Es geht darum, die Gerechtigkeit gegenüber den Tieren innerhalb einer menschlichen Gesellschaft zu fördern, deren Mitglieder nicht alle von der Berechtigung dieses Kampfes überzeugt sind, und dies unter Einsatz der demokratischen Regeln und Verfahren zu tun. Die Tierschützer müssen den Pluralismus akzeptieren und die Interessen der Tiere in demokratische Versammlungen einbringen, deren Abgeordnete sich an den Sorgen ihrer Wähler orientieren.

Wer eine gegenüber den Tieren gerechte Gesellschaft schaffen möchte, muss der Ausbeutung der Tiere ein Ende setzen, doch das setzte voraus, dass die Menschen in ihrer übergroßen Mehrheit antispeziesistisch eingestellt wären. So weit sind wir noch nicht. Dennoch ist es möglich, den politischen Kampf für die Befreiung der Tiere voranzubringen. Dazu bedarf es einer Strategie, die auf drei Ebenen zugleich ansetzt: auf der Ebene der politischen Fundamente; bei den ethischen und kulturellen Vorstellungen, zu denen die Schaffung einer Tierbewegung und einer Tierpartei einen Beitrag leisten könnte; und auf der institutionellen Ebene, auf der Veränderungen im Repräsentationssystem unerlässlich sind.

4. Die drei Ebenen des politischen Kampfes

In der Politik gibt es drei Ebenen, auf denen man ansetzen muss, wenn man eine Gesellschaft reformieren will.

Die erste Ebene ist normativen Charakters. Sie hängt mit den ethischen und philosophischen Grundlagen der betreffenden Gesellschaft zusammen.

Der Grundsatz, die Interessen der Tiere bei der Definition des Gemeinwohls zu berücksichtigen, stößt nicht ohne weiteres auf Zustimmung. Er läuft nicht nur zahlreichen menschlichen Interessen zuwider, auch unsere Leidenschaften trennen uns, und wir sind nicht sicher, wie Hobbes es ausdrückte, dass wir morgen noch wollen werden, was wir heute wollen. Selbst das wohlverstandene Interesse, das uns veranlassen sollte, Kriege zu vermeiden, reicht nicht aus, um Einverständnis unter den Menschen zu schaffen. Anders als Herdentiere oder staatenbildende Insekten wie Bienen und Ameisen, die unmittelbar erkennen, wo das Gemeinwohl liegt, benötigen wir politische Institutionen und den bindenden Zwang der Gesetze, um die Voraussetzungen für dauerhaften Frieden zu schaffen und für Gerechtigkeit zu sorgen.

Das gilt für alle Prinzipien der Gerechtigkeit und für alle großen Kämpfe wie die Abschaffung der Sklaverei oder der Todesstrafe. Die Todesstrafe wurde nicht aufgrund einer Mehrheitsmeinung oder einer Volksabstimmung abgeschafft, sondern aufgrund einer rationalen und ausführlich diskutierten Entscheidung, die das Edelste an unserer Zivilisation ins Feld führte und in deren Tradition wurzelte. Das Recht ist keine Leidenschaft. Seine Prinzipien sind dennoch nicht willkürlich. Sie gründen in einer Philosophie, die den Sinn des menschlichen Daseins und der politischen Vereinigung erhellt, wie wir das in einem früheren Buch, *Wovon wir leben. Eine Philosophie der Ernährung und der Umwelt*, gezeigt haben. Außerdem werden sie in einem Beratungsprozess anerkannt und nicht etwa frei erfunden, als hätten sie gar nichts Objektives.

Aus all diesen Gründen kommt hier der Gesellschaftsvertrag ins Spiel. Denn er bezeichnet eine Übereinkunft zwischen den Menschen, wonach das Gemeinwohl nicht immer schon vorgegeben ist, sondern erst noch ermittelt und festgelegt werden muss. Der Gesellschaftsvertrag ist keine Tatsache, sondern eine Norm und verdeutlicht den künstlichen Charakter des Staates; es handelt sich um eine zwischen den Menschen getroffene Vereinbarung. Nun ginge es darum, die Ziele der Politik um die Berücksichtigung der Interessen von Tieren zu erweitern.

Die Prinzipien, auf denen das Recht einer politischen Gemeinschaft basiert, sind in der Verfassung niedergelegt und erlangen so eine Kraft und Sichtbarkeit, die zu ihrer Beachtung beiträgt.

Die zweite Ebene, auf der wir bei der Reform der Gesellschaft ansetzen müssen, ist die der Repräsentation. Wenn die zum Staatsziel und Verfassungsgrundsatz erhobene Berücksichtigung der Tierinteressen reale Wirkung entfalten und die Frage der Tiere in allen Bereichen staatlicher Politik zur Geltung kommen soll, ist es erforderlich, die repräsentative Demokratie zu vervollständigen.

Die Repräsentanten befassen sich unvermeidlich stärker mit den Belangen der Repräsentierten, also der Menschen, denen sie ihr Mandat verdanken, als mit dem Los der Tiere. Wenn die Tierfrage nicht von den unmittelbaren Aufgaben ins Abseits gedrängt werden soll, wäre es sinnvoll, Beauftragte zu ernennen, die innerhalb der Beratungsinstanzen und nicht bloß an deren Rändern über die Berücksichtigung der Tierinteressen in der staatlichen Politik wachen. Dabei sollten sie weniger auf die Einführung neuer Gesetze drängen als auf die Überarbeitung oder Ablehnung solcher Gesetze, die dem Verfassungsgrundsatz einer Berücksichtigung der Tierinteressen bei der Bestimmung des Gemeinwohls widersprechen.

Der erste Schritt wäre hier eine Verbesserung der Lebensbedingungen der Tiere und die Beendigung der Ausbeutung – eine explizite Pflicht des Staates. Die Personen, die in offiziellem Auftrag darauf achten sollen, dass die Tiere in sämtlichen Bereichen staatlicher Politik mit Bezug auf Landwirtschaft, Tierzucht, Sport, Kultur, Schule, Verkehr und Handel nicht vergessen werden, könnten ein Verbot bestimmter Praktiken fordern, die eindeutig als Misshandlung gelten müssen. Sie hätten auch die Aufgabe, für beträchtliche Verbesserungen in der Nutzung der Tiere zu sorgen und die Wirtschaftsakteure wie auch die Bürger anzuhalten, ihre Art des Produzierens und Konsumierens schrittweise zu verändern. Diese Aufgabe hätte den Charakter einer Zensur, da sie hauptsächlich auf einem Vetorecht basierte, aber sie wäre nicht darauf beschränkt. Durch ihre Präsenz in den Beratungsinstanzen könnte die Tierfrage zunehmend Eingang in Gesellschaft, Wirtschaft und Kultur finden, was wiederum den demokratischen Übergang zu einer gegenüber den Tieren gerechten Gesellschaft förderte.

Die Auswahl dieser den Parlamentariern beigeordneten Repräsentanten könnte durch einen Losentscheid auf der Grundlage einer Liste von Personen erfolgen, die ihr Engagement für die Tiere bereits bewiesen haben. Sie müssten auch in der Lage sein, stichhaltig und redegewandt einzugreifen, unter Beachtung der Regeln der Ethik und der Diskussion – Toleranz, Zuhören, aber auch Argumentieren, Transparenz, Erweiterung des eigenen Standpunkts unter Berücksichtigung dessen, was für die Gemeinschaft sinnvoll sein könnte, und die Bereitschaft, die eigenen Ansichten zu revidieren, falls neue Daten dies nahelegen.

Ethologen und Menschen, die Alternativen zu Tierversuchen und zur fleischlichen Ernährung vorschlagen, sollten gleichfalls einen Platz auf dieser Liste finden, sofern sie über die oben genannten Fähigkeiten verfügen und frei von Interessenkonflikten mit einschlägigen Lobbys wären. Diese Repräsentanten würden per Losentscheid für einen beschränkten Zeitraum bestimmt, um die durch die Ausübung von Macht hervorgerufene Ermüdung und Korruption zu vermeiden. Wer in Forschung und Lehre tätig ist, würde für die Zeit dieses Mandats von seinen Aufgaben freigestellt; wer einen freien Beruf ausübt, erhielte für die Suspendierung seiner beruflichen Tätigkeit einen finanziellen Ausgleich.

Die dritte Ebene politischen Handelns betrifft die Öffentlichkeit. Sie umfasst alles, was getan werden kann, damit die Menschen – einfache Bürger, politische Amtsträger und Wirtschaftsakteure – die Tiere in den Bereich der moralischen Erwägungen aufnehmen und entschlossen sind, die Gerechtigkeit gegenüber den Tieren zu fördern. Eine kulturelle, philosophische und künstlerische Bewegung, die die Bedeutung und Universalität der Sache der Tiere deutlich macht, bildet den Schlüssel für diese gesellschaftliche und politische Entwicklung. Hier wäre auch an die Gründung einer Tierpartei zu denken, die sich für die Belange der Tiere einsetzt, die übrigen Parteien an die Unabweisbarkeit dieser Belange erinnert und einen Beitrag zur Gestaltung der öffentlichen Meinung leistet.

5. «Animalismus»

«Animalismus» ist eine Bezeichnung für die philosophische, soziale, kulturelle und politische Bewegung, in der Menschen zusammenkommen, die sich durch ihre Lebensweise und ihr kollektives Handeln für den Schutz der Interessen von Tieren einsetzen. Zum «Animalismus» gehören die *Tierschutzvereinigungen**, aber auch jene Einzelpersonen, die durch ihr Handeln und Denken ein Engagement für die Tiere beweisen, ein Engagement, das allerdings kein Vorwand sein darf, um Vorteile für sich selbst zu erlangen. All diese Menschen versuchen, allenthalben die Lebensbedingungen der Tiere zu verbessern, und kämpfen gegen deren grundsätzlich ungerechte Ausbeutung.

Die «Animalisten» sind *Antispeziesisten**, und ihre Überzeugung führt sie zum *Veganismus**. Da sie wissen, dass ihr Kampf Teil der Geschichte gegen jegliche Art der Diskriminierung ist, gegen Sklaverei, Rassismus und Sexismus, gegen die Ausbeutung der Menschen durch andere Menschen und der Staaten durch andere Staaten, trennen sie die Verteidigung der Tiere nicht von der Verteidigung der Menschenrechte.

Da sie überzeugt sind, dass die Sache der Tiere auch die Sache der Menschheit ist und die Versöhnung mit den Tieren uns auch mit uns selbst versöhnt, wissen sie, dass die Aufnahme der Tiere in Ethik und Recht zugleich auch eine Erneuerung des Humanismus bedeutet. Wer gegen die Misshandlung der Tiere kämpft, der kämpft damit auch gegen alle Formen der Gewalt gegen Menschen und nichtmenschliche Lebewesen, ob sie nun legal oder illegal sind. Der durch den Drang nach Herrschaft, die Angst vor den anderen und durch den Hunger nach Macht verursachten Entmenschlichung setzen sie eine Ethik der Verletzlichkeit entgegen, welche die Einsicht in die Endlichkeit, die Verantwortung für die Natur und alle Lebewesen wie auch die Liebe zum Leben in sich vereinigt.

Die «Animalisten» sind der Überzeugung, dass die Geschichte mit ihnen ist, aber sie wissen auch, dass die zur Herstellung von Gerechtigkeit gegenüber den Tieren erforderlichen Veränderungen den Interessen einflussreicher Gruppen zuwiderlaufen. Sie glauben, dass es an der Zeit ist, ihre Bewegung bekannt zu machen. Diese Bewegung stützt sich auf eine neue Philosophie des Subjekts und eine neue Anthropologie und erfordert eine Neuformulierung der Ziele von Politik, eine Reorganisation der Demokratie sowie eine Abschaffung des Kapitalismus. Die «Animalisten» sehen sich als Vorreiter und wissen, dass die Universalität und Großzügigkeit ihrer Sache von der Mehrheit ihrer Zeitgenossen noch nicht anerkannt werden. Sie verpflichten sich, in Wort und Tat demokratische Regeln, Pluralismus, Debatte und Gewaltfreiheit zu respektieren.

Sie übertragen ihre ethischen und politischen Überzeugungen auf ihr Handeln und versuchen, die anderen behutsam zu überzeugen und ihnen, wo dies möglich ist, vorhandene Alternativen für die Verwendung tierischer Erzeugnisse in der Ernährung, der Mode und bei Laborversuchen aufzuzeigen. So gehört es zu ihrem ethischen und politischen Engagement, Informationen über vegetarische Ernährung zu verbreiten, etwa zur Notwendigkeit einer Vitamin-B-Einnahme zur Vorbeugung gegen Mangelerscheinungen, desgleichen Ratschläge zur Ernährung und zur Küche oder Hinweise, wo man vegane Kosmetika, Textilien oder Schuhe kaufen kann.

Die «Animalisten» glauben, dass sie diesen Kampf gewinnen werden. Eines Tages werden die Menschen begreifen, dass es moralisch problematisch ist, Tiere auszubeuten, sie zu töten, zu essen und für Versuche einzusetzen. Diese Bewusstwerdung wird Veränderungen auf dem Gebiet des Naturrechts und seiner Grundlagen auslösen. Es wird nicht mehr legitim sein, ein anderes empfindungsfähiges Lebewesen auszubeuten.

Es ist nicht sicher, dass wir das Ende der Ausbeutung von

Tieren noch selbst erleben werden. Niemand weiß, wie lange das dauern wird. Sicher ist indessen, dass die «animalistische» Bewegung erwachsen geworden ist und die Frage der Tiere in die Politik Eingang finden muss. Falls die «Animalisten» gut organisiert sind, ihre internen Spaltungen nicht die Einheit des Kampfes erschweren und jeder weiß, wo sein Platz ist und welche Aufgabe er hat, wird es ihnen gelingen, sich allenthalben Gehör zu verschaffen, in den Medien, bei ihren Mitbürgern, bei politischen Repräsentanten und den diversen Wirtschaftsakteuren ihres Landes wie der ganzen Welt. So werden sie einen Beitrag zur Zerschlagung eines auf der Ausbeutung menschlicher und nichtmenschlicher Lebewesen basierenden Systems und zu dessen Ersatz durch ein anderes Entwicklungsmodell leisten.

Oft wird behauptet, die Sklaverei wäre dank eines Mannes abgeschafft worden, der durchaus nicht völlig frei von rassistischen Vorurteilen gewesen sei. Tatsächlich stand Abraham Lincoln nach seiner Wahl zum Präsidenten der Vereinigten Staaten vor einem ähnlichen Dilemma wie wir heute als «Animalisten» und als Bürger einer Demokratie.

Als Präsident hatte Lincoln den Auftrag, der Verfassung von 1787 Geltung zu verschaffen, die den Bundesstaaten Autonomie und damit den Südstaaten auch das Recht zusicherte, an der Institution der Sklaverei festzuhalten. Dennoch war er im Innersten davon überzeugt, dass die Sklaverei in moralischer, sozialer und politischer Hinsicht ein Übel darstellte, auch wenn er sich anfangs nicht vorzustellen vermochte, dass die ehemaligen schwarzen Sklaven jemals das volle Bürgerrecht erlangen könnten. In seiner Antrittsrede als Präsident gab er vor, diese «besondere Institution», an der die Südstaaten festhielten, zu unterstützen, weil dies den Fortbestand der Union ermöglichte und er seine Politik noch nicht auf seine Überzeugungen stützen konnte. Das Land war immer noch im Krieg, als er dann ein Jahr später, am 1. Dezember 1862, seinen Plan für die Befreiung der Sklaven und eine Entschädigung der Sklavenhalter vorstellte.

Seine Botschaft an den Kongress zeugt von seinem Willen, die Einheit des Landes zu bewahren und seine Mitbürger davon zu überzeugen, dass die Abschaffung der Sklaverei unausweichlich und letztlich die Zukunft der Menschheit sei. Vor dem Hintergrund der Uneinigkeit suchte er nach einer Übereinkunft und schlug vor, die Sklavenhalter in den an der Union mit den Nordstaaten festhaltenden Südstaaten zu entschädigen. Auch der gewährte Aufschub zielte letztlich auf die Abschaffung der Sklaverei, sollte er doch die Bürger beruhigen, deren Ansichten sich damals nicht miteinander versöhnen ließen. Wer die Abschaffung der Sklaverei wollte, wusste, dass sie in jedem Fall kommen würde; und wer sie nicht wollte, konnte davon ausgehen, nicht selbst darunter leiden zu müssen, da sie erst nach seinem Tod erfolgen sollte.

Am 22. September 1862 ließ Lincoln die Emanzipationsproklamation verabschieden, und sie sah keinerlei Entschädigungen für die Sklavenhalter vor. Sie gewährte den befreiten Sklaven nicht die US-amerikanische Staatsbürgerschaft und verbot auch nicht jegliche Sklaverei, sondern galt nur für die Sklaven in den konföderierten Südstaaten. Erst mit der Unterzeichnung des 13. Verfassungszusatzes drei Jahre später wurde die Sklaverei im gesamten Land verboten. Doch auch wenn die

Dinge nicht so verliefen, wie Lincoln anfangs gedacht hatte, war sein Vorschlag einer schrittweisen und von Entschädigungen begleiteten Befreiung der Sklaven keineswegs unsinnig. Den «Animalisten» kann sie jedenfalls eine Strategie aufzeigen, die es ihnen erlaubt, ihren politischen Kampf vor allem in der schwierigen Frage der Tierzucht und Tierhaltung voranzubringen.

Tatsächlich werden sich die Bedingungen des Lebens und Sterbens der wegen ihres Fleischs gehaltenen Tiere nicht ohne eine Zusammenarbeit mit den Tierzüchtern verbessern lassen, die keine Feinde sind und von den «Animalisten» auch nicht als solche bezeichnet werden sollten. Die Tierzüchter werden mit voller Wucht von den Konsequenzen eines Systems getroffen, das sie häufig zwingt, Tiere zu misshandeln, um selbst überleben zu können, doch das Ziel muss es sein, der Ausbeutung der Tiere mit demokratischen Mitteln ein Ende zu setzen.

6. Die beiden Zeitperspektiven des politischen Kampfes

Wenn der «Animalismus» nicht bloß eine intellektuelle, kulturelle und moralische Bewegung bleiben, sondern auch eine soziale und politische Kraft werden soll, müssen wir erkennen, dass der Kampf für die Tiere zwei Zeitperspektiven besitzt: eine langfristige, die letztlich auf die Abschaffung der Ausbeutung zielt, und eine kurzfristige, in der es darum geht, eine Reihe von Entscheidungen zu treffen, die das Los der Tiere deutlich verbessern und den Übergang zu einer gegenüber den Tieren gerechten Gesellschaft herbeiführen sollen.

Diese beiden Zeitperspektiven gehen über den Gegensatz zwischen dem *Abolitionismus** und einer Verbesserung des *Tierwohls** hinaus, die sich auf die Forderung beschränkt, die Lebensbedingungen der Tiere zu verbessern, ohne ihrer Ausbeutung ein Ende zu setzen. Wenn wir bei der politischen Reflexion und Aktion zwei Zeitperspektiven unterscheiden, so bedeutet das auch, dass es nicht unbedingt dieselben Personen, dieselben Medien, dieselben Tierschutzvereinigungen oder auch dieselben Bücher sind, die zur Beendigung der Ausbeutung der Tiere führen, deren Missbrauch anprangern oder Veränderungen in der Praxis und der Rechtslage durchsetzen, um das Los der Tiere zu verbessern. Alle haben ihre Bedeutung und ihre Aufgabe. Entscheidend ist hier, dass jeder darüber nachdenkt, wie er die Sache der Tiere auf der Grundlage seines Wissens, seiner Erfahrung, seiner Fähigkeiten, seiner Stellung und seiner Verbindungen voranbringen kann.

Die Politisierung der Tierfrage setzt auch nicht die These voraus, dass der Abolitionismus zwar in der Theorie Geltung habe, in der Praxis jedoch nicht tauge und dass deshalb allein die Forderungen der Tierwohlverbesserer in der politischen Agenda einen Platz hätten. Deshalb sollten wir uns von diesem Klischee verabschieden und besser eine Liste konkreter Vorschläge aufstellen, die in der aktuellen Situation sinnvoll sind, da niemand mehr so tun kann, als wäre die Tierfrage ein Problem, das nur geringe Bedeutung besäße und an den Rand der Politik gedrängt werden dürfte.

Einige Vorschläge können einen umfassenden, Veganer wie

Nichtveganer einschließenden Konsens bilden und direkt umsetzbar sein, auch wenn sie noch den Interessen mancher Gruppen und den Ansichten mancher Leute zuwiderlaufen. Andere müssen mit einem Zeitplan versehen werden, der angibt, welche Fristen für ihre Umsetzung einzuräumen und welche Entschädigungen ins Auge zu fassen sind, damit die betroffenen Akteure sich darauf einstellen können. Und schließlich gilt es herauszufinden, was auf den Gebieten der Kultur, der Bildung und der Erziehung geschehen kann, um einen Einstellungswandel herbeizuführen, der die Beendigung der Ausbeutung der Tiere als Selbstverständlichkeit erscheinen lässt.

DRITTER TEIL

KONKRETE VORSCHLÄGE

1. Forderungen, die Gegenstand eines weitreichenden Konsenses sein können

Die kurzfristige Abschaffung von Praktiken, die Tieren großes und unnötiges Leid zufügen, stößt bei der Mehrheit der Bevölkerung auf Zustimmung. Dass solche Maßnahmen Gegenstand eines weitreichenden Konsenses sein könnten, der – wie nach John Rawls' Theorie der Gerechtigkeit – hinter einem «Schleier der Unwissenheit» unter Berücksichtigung finanzieller oder beruflicher Interessen und ideologischer Positionen zustande kommt, bedeutet indessen nicht, dass alle sogleich damit einverstanden wären. Wenn wir bestimmen wollen, was gerecht ist, aber auch, welche Veränderungen in unserer Gesellschaft vernünftig und opportun wären, muss jeder eine Anstrengung unternehmen und sich fragen, was für die Gemeinschaft sinnvoll ist.

Die Gefangenschaft von Wildtieren im Zirkus oder in Delphinarien, der Stierkampf und Spektakel mit Kämpfen zwischen Tieren, Hetzjagden, die Produktion von Stopfleber und der Pelzhandel sind Praktiken, die sich heute nur noch schwer rechtfertigen lassen. Die damit verbundene Grausamkeit findet keinen Ausgleich in ihrem Nutzen für die Gemeinschaft. Ihre gesellschaftliche Akzeptanz hat viel mit Gewohnheit zu tun, aber auch mit verzerrter Wahrnehmung und einer Undurchsichtigkeit, die aufgelöst werden muss, indem man aufzeigt, welche die Achtung vor den Tieren fordernden Prinzipien hier mit Füßen getreten werden.

Menschen, die auf diesen Gebieten arbeiten, die ihre Studienjahre, ihre Reputation, ihr Geld und ihre Kraft darin investiert haben, können von einem Verbot dieser Praktiken nur tief betroffen sein. Sie werden sich weigern, diese Möglichkeit ins Auge zu fassen, zumindest zu Anfang. Deshalb ist es unerlässlich, jeden Vorschlag eines Verbots solcher Aktivitäten mit einem Plan zu verbinden, der es den betroffenen Menschen ermöglicht, sich darauf einzustellen. Hier lautet das Ziel, dass man diesen Menschen finanzielle und sonstige Hilfen anbietet, die ihnen solch eine Umstellung ermöglichen. Da eine gegenüber den Tieren gerechtere Welt auch eine für Menschen gerechtere Welt sein wird, ist es wichtig, dass diese Umstellung nicht als Zumutung oder Strafe empfunden wird, sondern ihnen eine Chance bietet, sich zu entfalten und Wertschätzung zu genießen.

Eines der größten Hindernisse für den Übergang zu einer gegenüber den Tieren gerechten Gesellschaft ist der Widerstand der Menschen, die in den auf der Ausbeutung von Tieren basierenden Bereichen arbeiten. Um dieses Hindernis zu überwinden, müssen wir zunächst einmal erkennen, dass solch ein Widerstand fast normal ist. Wir brauchen nur daran zu denken, dass unsere Gesellschaft auf speziesistischen Fundamenten ruht, um zu verstehen, dass die Sache der Tiere sie in ihren Grundfesten erschüttert. Wir dürfen uns also nicht über die zuweilen heftigen Reaktionen wundern oder gar empören, auf die wir stoßen, wenn wir uns für mehr Gerechtigkeit gegenüber den Tieren einsetzen. Denn wir stellen damit die Identität, die Lebensweise und den Lebensweg von Menschen in Frage, die sich einen Platz in einer Welt gesichert haben, in der die Ausbeutung von Tieren als gerechtfertigt gilt. Statt uns

Feinde zu schaffen, indem wir sie als Henker bezeichnen, sollten wir daran arbeiten, dass sie einen Platz in einer gegenüber den Tieren gerechten Gesellschaft finden können.

a. Beendigung der Gefangenschaft von Tieren

Die Gefangenschaft von Tieren im Zirkus oder in Tierparks verstößt gegen den Respekt vor den Tieren und gegen ihr Wohlergehen. Ob sie nun aus ihrer natürlichen Umgebung herausgerissen und von den Mitgliedern ihrer oft auf organisierten Jagden massakrierten Familie getrennt werden, wie es etwa in der Bucht von Taiji in Japan geschieht, oder ob sie in Gefangenschaft geboren werden – Raubtiere, Wölfe, Affen, Elefanten, Zebras, Bären, Delphine oder Orcas haben in Käfigen und Becken nichts zu suchen.

Alle in Gefangenschaft gehaltenen Tiere langweilen sich zu Tode und entwickeln *Stereotypien**, die von ihrem Elend zeugen. Wale und Delphine können unmöglich in einem Delphinarium gedeihen, denn die chlorierten Becken, in die man sie sperrt, entsprechen nicht der Umwelt, die sie brauchen. Die ersten Delphinarien entstanden Mitte des 19. Jahrhunderts, sehr viele dann Ende der 1930er Jahre. Heute gibt es in Frankreich vier Delphinarien: das Marineland in Antibes, den Planète Sauvage in Port-Saint-Père bei Nantes, den Parc Astérix in der Region Paris und das Moorea Dolphin Center in Französisch-Polynesien. Brasilien, Chile, Zypern, Kroatien, Costa Rica, Ungarn, Indien, die Schweiz und Slowenien haben Bau und Betrieb von Delphinarien verboten, und die britischen Gesetze sind derart streng, dass sie deren Betrieb gefährden.

Nach dem Start des Dokumentarfilms *Blackfish* von Gabriela Cowperthwaite im Jahr 2013, in dem das Leben des männlichen Orcas Tilikum nachgezeichnet wird, der 1983 gefangen wurde und in der Zeit seiner Gefangenschaft drei Menschen tötete, wurden zahlreiche Delphinarien in den USA geschlossen.

Für die Jagd, die Paarung, und um Konflikten aus dem Weg zu gehen, benötigen Delphine und Orcas das Meer, dessen Tiefe sie mit ihrem Sonar erkunden und in dem sie am Tag 100 bis 150 Kilometer zurücklegen. In Gefangenschaft werden sie vom Lärm der Zuschauer und von der lauten Musik gestört. Die Promiskuität, aber auch die Verlegungen, die sie zwingen, in Gruppen zu leben, die nicht dieselbe Sprache sprechen, sorgen dafür, dass sie ihre Bezugspunkte verlieren und aggressiv werden. Manchmal leiden sie auch unter Hunger. Die Reizarmut der Umgebung und die zahlreichen Frustrationen, die sie erleiden, machen sie depressiv oder gar psychotisch.

Man stellt sie mit Antidepressiva ruhig und stopft sie mit Antibiotika voll, um die Wunden zu heilen, die sie sich bei Auseinandersetzungen zuziehen oder wenn sie gegen den Beckenrand schlagen oder in die Metallabsperrungen beißen und dabei ihren Zahnschmelz zerstören. Außerdem gibt man ihnen Hormone, um ihre Sexualität zu steuern, die ohnehin ständig eingeschränkt wird, da die meisten Geburten durch künstliche Insemination herbeigeführt werden. Die durch das Zusammenschlagen der Kiefer erzeugten Geräusche, die man durch die Glasscheiben der Aquarien hindurch hören kann, zeugen von ständigen Konflikten. Die Tiere drehen sich im Kreis oder lassen sich aus Verzweiflung treiben, wie man es häufig bei Orcas beobachtet, deren Rückenflosse wegen des fehlenden Raums und der mangelnden Nutzung geknickt ist.

Die Zuschauer, die sich die Schaustellung der Delphine und Orcas ansehen, lieben diese sensiblen und intelligenten Tiere. Sie glauben, es mache ihnen Freude, Kunststücke vorzuführen, und bewundern das enge Verhältnis zwischen den Delphinen oder Walen und ihren Betreuern. Sie wissen nicht, wie sehr diese Tiere leiden. Um sie dazu zu bringen, solche Sprünge auszuführen und sich auf den Beckenrand zu werfen, wobei ihre inneren Organe zusammengepresst werden und die Sonne ihre Haut verbrennt, muss man ihnen entweder die Nahrung vorenthalten oder sie bestrafen, indem man sie isoliert oder zumindest demütigt, indem man ihnen als Belohnung für ihre Kunststücke tote Fische zuwirft.

Gemeinsam ist all diesen auf Dressur basierenden Kunststücken die Demütigung. Kein Tiger spränge jemals von sich aus durch einen brennenden Reif, wenn er nicht in langen Übungsstunden dazu gezwungen würde, wobei er seine Instinkte unterdrücken und einem Herrn gehorchen lernen muss, der ihm im Gegenzug etwas Futter gibt oder einen Peitschenhieb versetzt, um ihn seinem Willen zu unterwerfen. Zwar werden die Tiere in Gefangenschaft oder bei der Dressur nicht immer geschlagen, und in Frankreich werden die meisten auch richtig ernährt, aber die Frustrationen und die Verpflichtung, sich zur Schau zu stellen und Kunststücke auszuführen, die sie in manchen Fällen lächerlich machen, sind ein Angriff auf ihre Würde. Die Dressur von Zirkustieren und die Gefangenschaft verstoßen gegen das Gebot, die Würde der Tiere zu achten.

Noch aus einem weiteren Grund ist Dressur gleichbedeutend mit Gewalt: Sie zeugt vom Wunsch eines Menschen, sich die wilde Kraft anzueignen und das Tier zu versklaven. Diese Gewalt findet ihr Echo bei den Zuschauern, die gekommen sind, um die eingesperrte Schönheit, die dressierte Kraft, das vom Menschen unterworfene Tier zu bewundern. Wer in den Zirkus geht, um sich dort Tiernummern anzuschauen, der segnet die zur Kunst erhobene Herrschaft ab. Die Tiere, von denen es heißt, sie «arbeiteten», dienen dazu, die Macht des Menschen zu demonstrieren. Der Preis, den diese charismatischen Tiere dafür zahlen müssen, ist ein Leben voller Entbehrungen und Langeweile und gelegentlich auch voller Schläge, aber auch das ständige Gefühl, ihrer Natur beraubt zu sein und ihr Überleben allein dem Willen von Menschen zu verdanken, die das natürliche Recht jedes empfindungsfähigen Lebewesens missachten: die Freiheit.

Aus all diesen Gründen scheint es notwendig und angebracht, Tiernummern im Zirkus zu verbieten und die Delphinarien zu schließen. Die gefangenen Tiere, die nicht wieder in ihrer natürlichen Umwelt ausgesetzt werden können, müssen in Tierheimen, Gehegen oder Reservaten untergebracht werden, in denen ihre Grundbedürfnisse respektiert werden. Für die in Gefangenschaft geborenen Wale und Delphine wird man einen Meeresarm abteilen müssen, der ihnen einen passenden Lebensraum bietet, zusammen mit anderen Tieren, mit denen sie sich verstehen, und man wird alles tun müssen, um diejenigen, bei denen das möglich ist, wieder ins Meer zu entlassen.

Die Pfleger, Dresseure oder Forscher der zu verbietenden Einrichtungen könnten ihr Wissen über die dortigen Tiere einbringen, bei ihrer Auswilderung helfen und dadurch einen

Beitrag zur Erhaltung dieser Arten leisten, die oft unter der Verschmutzung ihrer natürlichen Umwelt zu leiden haben. Und sie könnten ihre Erfahrungen an die Öffentlichkeit weitergeben. In einen anderen Kontext gestellt, in dem es nicht darum ginge, Tiere auszubeuten und Nutzen aus ihnen zu ziehen, sondern sie zu respektieren und ihnen nützlich zu sein, hätten die ehemaligen Dresseure viel über die Reaktionen der Wale und Delphine wie auch ihre eigenen Empfindungen mitzuteilen.

Was die Zoos betrifft, wird man unterscheiden müssen zwischen solchen, die echte Gefängnisse sind, und solchen, die einen Beitrag zur Erhaltung bedrohter Arten leisten. Jedenfalls wird man kaum bestreiten können, dass manche Tiere wie Bären, Raubtiere, Wölfe oder Elefanten Lebensräume benötigen, die von den Menschen nicht nachgebildet werden können. Tiere in Gefangenschaft zu halten ist moralisch problematisch. Das gilt erst recht, wenn die Käfige klein sind wie etwa im Pariser Jardin des Plantes. Dieser ansonsten wunderbare Ort inspirierte Rilke einst zu einem Gedicht über einen verzweifelten Panther, dessen Unglück nach ihm noch viele andere teilten in Gehegen, die nicht umgebaut werden dürfen, weil man sie zum nationalen Erbe erklärt hat. Es ist ein Skandal, dass Tiere zu wenig Platz haben, weil ein Ort aus Gründen des Denkmalschutzes nicht verändert werden darf. Die Käfige können ja bleiben, aber dann müssen sie leer sein. In einem Zoo muss alles für das Wohlbefinden der Tiere getan werden, die sich nicht langweilen oder einsam fühlen dürfen. Kein Tier darf unnötig getötet werden wie jenes Giraffenjunge, das 2004 im Kopenhagener Zoo eingeschläfert wurde, weil es kein hinreichend diversifiziertes Erbgut mitbrachte.

Dass Einrichtungen ihre Existenz mit dem Argument rechtfertigen, die Haltung seltener Arten in Gefangenschaft ermögliche deren Reproduktion, ist eine Sache. Dem wäre allerdings hinzuzufügen, dass diese Haltung vorläufigen Charakter haben sollte und das Ziel letztlich die Einführung oder Rückführung der Tiere in ihre natürliche Umwelt bleiben muss. Die Kenntnisse und Erfahrungen der Pfleger und Pflegerinnen könnten äußerst wichtig für den Erfolg dieser Operation sein. Aber die Behauptung, die Zoos hätten einen Bildungsauftrag, ist eine Lüge, denn das hieße, dass es legitim wäre, ein Tier in Gefangenschaft zu halten, um die Neugier der Zuschauer zu befriedigen. Doch heute können wir diese Tiere durch Reportagen und Dokumentarfilme kennenlernen, die sie in ihrer natürlichen Umwelt zeigen. Dieses Argument dient dazu, den mit diesen Einrichtungen verbundenen lukrativen Handel zu verbergen und eine andere moralisch ebenso problematische Realität zu verdecken.

Das Vergnügen der Zoobesucher rührt daher, dass ihnen dort wilde Tiere geboten werden, die sie nach Belieben beobachten dürfen, ohne dass ihnen etwas geschehen könnte. Dieses Schauspiel ermöglicht die Spaltung, die jedes Mitleid unmöglich macht. Und mehr noch, es setzt diese Spaltung voraus. Nur mit einem gespaltenen Bewusstsein kann man sich am Anblick anderer empfindungsfähiger Lebewesen erfreuen, die in Gefangenschaft leben müssen. Die gesamte Institution Zoo basiert auf diesem dualistischen Schema. Der Andere ist eingesperrt und ich bin frei. Ich genieße meine Freiheit umso mehr, als ich diesen Anderen in seiner Gefangenschaft sehe: Er kann weder hingehen, wohin er möchte, noch seinen Trieben freien

Lauf lassen, während ich ihn in aller Sicherheit beobachte. Der Zoo verkörpert und verstärkt die überlegene Stellung des Menschen gegenüber dem Tier – ein ähnliches Gefühl, wie es die Zuschauer einst angesichts anderer Menschen empfanden, die man zu Schauobjekten machte und dem Voyeurismus der Zuschauer aussetzte wie etwa Saartje Baartman, die man wegen ihrer Anatomie, einer Hypertrophie der Hüften und des Gesäßes, Hottentotten-Venus nannte.

b. Verbot des Stierkampfs und der Tierkämpfe

Der Stierkampf ist ein Schauspiel von beispielloser Grausamkeit, das den Städten, die öffentliche Mittel einsetzen, um sie zu organisieren und so ihr Haushaltsdefizit zu verringern, immer weniger einbringt. Oft wird behauptet, der Stierkampf sei ein Erbe des persischen Mithraskults, der aus dem Iran nach Rom gelangt sei, doch in Wirklichkeit wurde er im 18. Jahrhundert auf der Grundlage von Tötungspraktiken aus den Schlachthöfen erfunden. Um diesen ungleichen Kampf zwischen einem Pflanzenfresser und einem bewaffneten Menschen zu verbieten, bräuchte man in Frankreich nur Paragraph 521–1, Absatz 7 des Strafgesetzbuchs anzuwenden.

Im 1. Absatz dieses Paragraphen heißt es: «Wer öffentlich oder nichtöffentlich ein Haustier oder ein domestiziertes oder in Gefangenschaft gehaltenes Tier misshandelt oder sexuell missbraucht oder einen Akt der Grausamkeit an ihm verübt, wird mit einer Gefängnisstrafe von zwei Jahren und einer Geldstrafe von 30 000 Euro belegt.» Das Ramarony-Sourbet-Gesetz vom 24. April 1951 verfügte jedoch eine Ausnahme von diesem

Grundsatz: «Der vorliegende Paragraph gilt nicht für Stierkämpfe, soweit sie sich auf eine lückenlose lokale Tradition zurückführen lassen.» Der Stierkampf ist aufgrund des Strafgesetzbuchs also in Frankreich verboten, außer in den elf südfranzösischen Départements, in denen diese Straftat von der Strafverfolgung ausgenommen ist. Würde man den betreffenden Absatz streichen, wäre der Stierkampf überall in Frankreich verboten und es herrschte Rechtsgleichheit auf dem gesamten Staatsgebiet, wie es in einem Rechtsstaat erforderlich ist.

Ein grundsätzliches Verbot des Stierkampfs hätte beträchtliche moralische, politische und strategische Bedeutung. Auch wenn weit weniger Tiere davon betroffen sind als in der Tierzucht und bei den Tierversuchen, bestärkt der Stierkampf doch die Gewalt gegen Tiere, indem er sie mit der Aura eines gewissen Prestiges umgibt, das auf der Gleichsetzung dieser Praxis mit einer Kunst basiert. Der Stierkampf steht den Bemühungen im Wege, die wir unternehmen müssen, damit die Menschen die übrigen empfindungsfähigen Lebewesen in ihre Betrachtung einbeziehen und die Achtung vor dem Leben kultivieren.

Anders als bei den Tierdarbietungen in Delphinarien oder im Zirkus, deren Zuschauer nichts über das Leid der von ihnen geliebten Tiere wissen, zahlen die Anhänger des Stierkampfs Eintrittsgeld, um sich an der Tötung eines Tiers zu erfreuen, das sie sich zudem noch gern als böse vorstellen. Der Stierkampf ist Ausdruck eines falschen Bildes der Stiere, die von Natur aus keineswegs angriffslustig sind, sondern wie alle Pflanzenfresser eher flüchten.

Auch die angebliche Kunst des Toreros erweist sich als Lüge, wenn man weiß, dass das Sichtfeld des Stiers wegen der seitlichen Position der Augen zwar einen weiten Panoramablick erlaubt, aber das zweiäugige räumliche Sehen beeinträchtigt. Er sieht die Bilder nur verschwommen und vermag Entfernungen schlecht abzuschätzen. Sein Sehapparat ist nicht dazu geschaffen, die Aufmerksamkeit auf ein bestimmtes Objekt zu fokussieren, sondern dazu, Formen und Bewegungen zu erkennen. Wenn der Torero seine Capa bewegt und sie neben sich hält, spielt er mit den Eigenheiten des Stiers, der nur bewegte Objekte angreift. Von den unscharfen Formen in Panik versetzt und von ihren Bewegungen desorientiert, greift der Stier an, indem er den Kopf senkt, um die Hörner in die vordere Position zu bringen. Dann hebt er den Kopf wieder, um die Lage zu beobachten. Das Spiel des Toreros besteht darin, den Stier langsam zu töten. Er zwingt ihn, den Kopf gesenkt zu halten, und zerschneidet mit Lanzenstößen die Nackenmuskeln, schwächt das Tier, um seine Gegenwehr auszuschließen, und lässt es ausbluten, indem er die großen Schlagadern am Hals mit dem Degen durchtrennt. Die Stiere haben auch deshalb kaum Chancen, den Kampf zu überleben, weil man sie verstümmelt, bevor man sie in die Arena treibt, etwa indem man ihre Hörner kürzt. Dabei schneidet man quer durch innerviertes Gewebe und kappt die Hörner um mehrere Zentimeter. Um diese Verstümmelung zu verbergen, die das Risiko des Toreros verringern und die räumliche Wahrnehmung des Stiers desorientieren soll, sodass seine Angriffe noch ungenauer werden, ersetzt man die Spitzen durch künstliche Attrappen.

Das Vergnügen, das Fans des Stierkampfs empfinden, rührt

auch daher, dass die Corrida für den Kampf mit einem Tier steht, das als Symbol der Kraft und des Mutes gilt. Indem der Mensch es «kunstvoll» tötet, tut er so, als stellte er sich dem Tod und tötete das Tierische. Auch hier wieder werden Schönheit und Majestät der Tiere ihnen selbst zum Verhängnis. Es fällt schwer, die Lust an der Vernichtung eines Lebewesens von solcher physischen Präsenz nicht als Indiz für einen Männlichkeitswahn zu werten, der zum Ausdruck roher Gewalt und der Herrschaft über den Körper des Anderen drängt.

Aus all diesen Gründen muss das Ziel sein, den Stierkampf in allen Ländern zu verbieten, dasselbe gilt für Tierkämpfe generell. Auch wenn Tierkämpfe nicht die Macht der Menschen demonstrieren sollen, generieren sie beträchtliche Gewinne aus dem Leid von Tieren, die unter elenden Bedingungen aufgezogen, gewaltsam dressiert und schließlich auf klägliche Weise getötet werden. Ihr einziger Nutzen ist der Profit, den einige wenige daraus schlagen.

Die für die Organisation von Stierkämpfen ausgegebenen öffentlichen Gelder könnten für eine Übergangszeit genutzt werden, um den Züchtern von Stieren für Stierkämpfe zu helfen und es den Toreros zu ermöglichen, sich neu zu orientieren. Manche schlagen vor, Stierkämpfe zuzulassen, bei denen der Stier nicht direkt getötet wird, wie es in Portugal der Fall ist. Diese Lösung ist jedoch ungeeignet, denn auch diese Praxis, die gleichfalls die Herrschaft des Menschen über das Tier absegnet, ist stark von Gewalt geprägt. Beim portugiesischen Stierkampf stößt zunächst ein Reiter auf einem (nicht gepanzerten oder geschützten) Pferd dem Stier *farpas* (Spieße mit zwei Widerhaken) in den Nacken. Wenn der Stier durch den

Blutverlust geschwächt ist, treten für das «Finale» acht Männer (*forcados*) zu Fuß in Aktion, um das Tier bewegungsunfähig zu machen. Der letzte von ihnen packt den Schwanz des Tiers und hält sich daran fest. Außerhalb der Arena traktiert man das Tier mit Faustschlägen, bis es tot ist. Oder man zieht die Spieße ohne Betäubung aus seinem Fleisch und überlässt es seinem Todeskampf, bis der Schlachthof am nächsten oder übernächsten Morgen öffnet.

c. Verbot von Hetzjagden

Viele Länder, darunter Großbritannien als Vorreiter, haben inzwischen die Hetzjagd verboten – Überrest einer aristokratischen Gesellschaft, die man perpetuiert, indem man wohlhabenden Bürgern, die vielfach nichts von der ländlichen Welt und der dortigen Wildfauna verstehen, die Möglichkeit bietet, eine antiquierte gesellschaftliche Hierarchie wiederzubeleben, in der Treiber, Piköre, Jäger, Reiter, Gäste, Waldhüter, Hundeführer und die Zuschauer jeweils ihren eigenen Rang haben.

Die Jagdgesellschaft hetzt Füchse, Rehe, Hirsche oder Wildschweine bis auf das Grundstück des Jagdveranstalters, wohin sie sich in ihrer Panik flüchten. Dort werden sie mit Dolchen und Spießen getötet, in deren Gebrauch meist viele der Piköre nicht geübt sind. Tatsächlich bedürfen Hetzjagden in Frankreich keiner besonderen Erlaubnis. Jeder, der einen Jagdschein besitzt, darf sie veranstalten. Die Hunde, die als bloße Ausrüstungsstücke gelten, leben die übrige Zeit in Zwinger eingesperrt, und die Pferde werden wie Mofas behandelt, die nur dazu dienen, längere Strecken zurückzulegen. Der Augenblick, da die Meute das gehetzte Tier fängt (Halali), und das Curée, bei dem die Meute Eingeweide als ihren Jagdanteil erhält, sind Szenen von unerträglicher Gewalt.

Das grundsätzliche Verbot dieser Praxis sollte mit einem generellen Verbot der Jagd einhergehen. Sie ist heutzutage nicht mehr erforderlich, um den Bestand an Hirschen, Füchsen und sonstigem Wild zu regulieren. Deren Bestände regulieren sich selbst in Abhängigkeit von den Ökosystemen und der verfügbaren Nahrung, sofern man keine zusätzlichen Tiere einbringt, damit sie von Jägern getötet werden können, und sofern man keine Situation zulässt, in der eine Überpopulation brutale Eingriffe des Menschen erforderlich macht.

Die Jagd ist heute eine Freizeitbeschäftigung und keine mit dem Überleben oder der Ökologie verbundene Notwendigkeit mehr. Die Menschen, die auf Jagd gehen, könnten leicht andere Möglichkeiten finden, um gemeinsam mit anderen durch die Landschaft zu wandern. Obwohl die Jagd immer noch die Unterstützung vieler politischer Repräsentanten genießt, wird sie an Bedeutung verlieren, da sich immer weniger junge Menschen zu ihr hingezogen fühlen und Unfälle, bei den hauptsächlich Spaziergänger zu Schaden kommen, sie in Misskredit bringen. Auf mittlere Sicht werden daher die allermeisten Bürger zu der Einsicht gelangen, dass die Jagd verboten werden sollte, zumal wenn deutlich wird, dass es bessere Formen des Zusammenlebens mit den Tieren gibt.

d. Verbot der Pelztierzucht und der Stopfleber

Die Tierzucht stellt auf politischer Ebene ein komplexes Problem dar, sie beschäftigt zahlreiche Menschen, und die Mehrzahl der Bürger akzeptiert noch nicht, dass sie verschwindet. Dennoch gibt es Erzeugnisse, die schon heute vom Markt genommen werden sollten, weil sie unerträgliches Leid verursachen und ihr Nutzen fragwürdig ist und auch in Frage gestellt wird, nämlich Stopfleber und Pelze.

In der Pelztierzucht herrschen infernalische Bedingungen. Dort werden empfindungsfähige Lebewesen in winzigen Käfigen von 0,6 Quadratmetern Fläche gefangen gehalten oder aufgezogen, in denen sie im Winter der Kälte und im Sommer der Hitze ausgesetzt sind. Die meisten von ihnen werden verrückt und verstümmeln sich selbst. Das gilt etwa für Füchse, die sich unablässig im Kreise drehen und sich selbst Hautstücke herausreißen. Waschbären und die semiaquatischen Nerze können ihre natürlichen Grundbedürfnisse nicht befriedigen und klammern sich den ganzen Tag an die Gitterstäbe. Nach wenigen Monaten werden sie auf bestialische Weise getötet. Füchse werden durch Stromstöße getötet und innerlich verbrannt, nachdem man ihnen eine Elektrode in den Anus eingeführt und eine andere an die Schnauze angelegt hat. Die Waschbären werden vergast und sogar bei lebendigem Leibe gehäutet, vor allem in China, das Felle von Waschbären, Katzen und Hunden zu konkurrenzlos niedrigen Preisen exportiert. Die bei wildlebenden Pelztieren eingesetzten Fallen und Fangmethoden sind derart grausam, dass die letzten Länder, die das noch zulassen, sie unbedingt verbieten müssen.

Um an die Angorawolle zu gelangen, begnügt man sich nicht damit, die Kaninchen ein Leben lang einzusperren und sie alle hundert Tage zu scheren, sondern reißt ihnen auch die Haare aus, weil das schneller geht und weil die Haare dann eine höhere Qualität haben. Diese ansonsten stillen Tiere schreien vor Schmerz, bevor man sie wieder in ihren Käfig wirft, wo im Winter viele von ihnen an einem Kälteschock sterben.

Das Ende des Pelzhandels brächte den Konsumenten kaum Nachteile, da synthetische Pelze dieselben Vorzüge bieten wie die der abgeschlachteten Tiere. Es ist hauptsächlich die Mode, die mit dem Pelz weiterhin ein gewisses Prestige assoziiert und dadurch ein künstliches Bedürfnis erzeugt. Die meisten Tiere werden nicht für die Herstellung von Mänteln massakriert, die dem Schutz vor Kälte dienten, sondern für Besätze oder Kragen oder gar für Spielzeug.

Bei der Stopfleber handelt es sich um eine kranke Leber, die man gewinnt, nachdem man Moulard-Enten oder Gänse drei Wochen lang gestopft hat. Diese Vögel legen von Natur aus vor dem Abflug in ihre jeweiligen Sommer- oder Wintergebiete einen Fettvorrat an, allerdings mit Maßen, sodass sie den Flug bei guter Gesundheit antreten können. In der Zucht zwingt man sie, innerhalb weniger Sekunden bis zu 500 Gramm Nahrung herunterzuschlingen, und zwar mittels eines Metallrohrs von 20 bis 30 Zentimetern Länge, das man ihnen durch die Kehle bis zum Kropf schiebt. In der Folge erreicht die Leber das Zehnfache ihrer normalen Größe und entwickelt einen krankhaften Zustand, der als Fettleber bezeichnet wird. Weil die Tiere sich wehren, wenn man ihnen das Rohr in den Hals schiebt, oder aufgrund der durch den Brechreiz ausgelösten

Kontraktion der Speiseröhre schnappen sie verzweifelt nach Luft, und oft kommt es zu einer tödlichen Perforation ihrer Speiseröhre. Nach der Stopfzeit können sie nicht mehr laufen und nur noch schwer atmen, weil ihre Lunge von der vergrößerten Leber zusammengedrückt wird. Sie würden von allein sterben, wenn man sie nicht schlachtete. Viele erreichen nicht einmal diesen Zustand. In der Stopfzeit ist die Sterblichkeit der Enten 10 bis 20 Mal höher als sonst.

Auch hier wird man ein Verbot des Handels mit Stopfleber und Pelzen durch finanzielle und andere Hilfen begleiten müssen, die den Züchtern eine Umstellung ermöglichen.

2. Zucht und Schlachtung. Freiwilligkeit und Umdenken

Mit dem Ende der Tierzucht werden einige der durch menschliche Selektion geschaffenen Tierarten verschwinden. Die meisten Bürger in Frankreich und der Welt sind damit nicht einverstanden. Die Intensivtierhaltung wird dagegen einmütig abgelehnt, auch wenn es nur wenigen gelingt, ihr Denken und Handeln in Einklang miteinander zu bringen, und der Konsum tierischer Produkte gepaart mit dem Wunsch, möglichst billiges Fleisch zu kaufen, für die Ausbreitung der Intensivtierhaltung verantwortlich ist, da nur sie diese Nachfrage unter den heutigen ökonomischen und demographischen Bedingungen befriedigen kann.

Eine Gesellschaft ohne Ausbeutung von Tieren und ohne Tierzucht zu schaffen ist das Ziel der «Animalisten», doch das setzt voraus, dass zahlreiche Sektoren der Wirtschaft ihre Produktion umstellen, dass die Verbraucher ihren Lebensstil ändern und dass es überall Alternativen für die Verwendung tierischer Erzeugnisse gibt. Ohne solche Entwicklungen ist es in einer Demokratie kaum möglich, das Ende der Tierzucht zu verfügen.

Falls der Gesetzgeber sich eines Tages dazu entschließen sollte, der Ausbeutung der Tiere ein Ende zu setzen, wäre es, da dieser Schritt den Interessen mächtiger Gruppen zuwiderläuft, unerlässlich, dass er ihrem Widerstand zuvorkommt, indem er ihnen nahelegt, ihr Geld durch die Entwicklung von Alternativen zur fleischlichen Ernährung, zu Tierversuchen und zur Nutzung von Leder, Wolle, Seide und Pelzen zu verdienen. Er müsste sich zudem auf einen großen Teil der Bevölkerung und eine kulturelle Bewegung stützen können, deren unumkehrbare Fortschritte zu der Entwicklung einer neuen Geisteshaltung geführt hätten.

Falls der Gesetzgeber ankündigte, die Tierzucht verbieten zu wollen, müsste er das außerdem schrittweise tun, indem er den Züchtern finanzielle Hilfen bei der Umstellung gewährte und der nachfolgenden Generation die Aufgabe überließe, eine Gesellschaft ohne jede Ausbeutung von Tieren zu schaffen. Solch eine Strategie würde sich auszahlen. Wenn der Gesetzgeber es vermiede, sich mit übertriebener Härte gegen die Tierzüchter zu stellen, und stattdessen jedermann einlüde, in der Wahl seiner Lebensart mehr Gerechtigkeit gegenüber den Tieren walten zu lassen, könnte er auf die Unterstützung aller zählen, und es entstünde eine Gesellschaft, die dauerhaft ohne die Ausbeutung von Tieren auskäme.

Im Augenblick werden jedoch so viele wegen ihres Fleisches aufgezogene Tiere misshandelt wie noch niemals zuvor. Wenn sich nichts ändert, könnte die Intensivtierhaltung, die wir heute kennen, sogar als vernünftig angesehen werden angesichts der kommenden Bevölkerungsexplosion, die 2050 mit 9 Milliarden Menschen ihren Höhepunkt erreichen soll.

Deshalb gilt es, diesen höllischen Mechanismus jetzt einzudämmen und mit eindeutigen, wirksamen Maßnahmen die schrittweise Rückkehr zur extensiven Tierhaltung einzuleiten, diesen Prozess wirtschaftlich zu unterstützen und alle aus der Intensivtierhaltung stammenden Produkte zu boykottieren. Zu den dafür einzusetzenden Mitteln gehören auch offen protektionistische Maßnahmen, die das Überleben eines Wirtschaftsbereichs sicherstellen, in dem verschärfter Konkurrenzdruck unausweichlich zu einer Verschlechterung der Lebensbedingungen von Tieren und Menschen führt. Wenn wir zur extensiven Tierhaltung zurückkehren wollen, müssen wir kurze Wege fördern. Auch müssen die Gewinnmargen im Großhandel deutlich kleiner sein als die mit industriellen Produkten erzielten.

Der Übergang von der intensiven zur extensiven Tierhaltung gefällt in der Theorie allen, doch das Argument, mit dem ein Festhalten an der Intensivtierhaltung gerechtfertigt wird, ist ökonomischen Charakters: Die extensive Tierhaltung vermag die Erzeuger nicht zu ernähren, und die Produkte aus der industriellen Tierhaltung sind konkurrenzfähiger, weil billiger. Wir müssen uns damit abfinden, dass der Übergang zur extensiven Tierhaltung auf kurze Sicht mit beträchtlichen ökonomischen Kosten verbunden sein wird, vor allem wenn die meisten Verbraucher noch nicht bereit sind, für tierische Produkte Preise zu zahlen, von denen die Erzeuger auch leben können.

Die Erzeuger tierischer Produkte können nur dann zur extensiven Tierhaltung zurückkehren, wenn sie durch finanzielle und logistische Hilfen in die Lage versetzt werden, Baulichkeiten und sonstige Infrastruktur zu schaffen, die den Tieren anständige und ihren ethologischen Anforderungen entsprechende Lebensbedingungen bieten. Außerdem ist es unerlässlich, den Erzeugern zum Ausgleich für fehlende Gewinne ein Mindestgehalt zu zahlen, wenn sie einen relativ niedrigen Preis für tierische Erzeugnisse gewährleisten.

Ein Nachteil solch einer Politik wäre indessen, dass sie die Verbraucher in ihrer Gewohnheit bestärkte, Fleisch und Fisch zu essen und dafür oft weniger auszugeben, als sie für Getreideerzeugnisse und Gemüse zahlen müssten. Diese Politik führte sie also nicht in Richtung einer veganen Lebensweise. Allerdings ist durchaus vorstellbar, dass die Verbraucher anspruchsvoller werden, wenn ihnen qualitativ hochwertige Produkte zur Verfügung stehen, und dass Veränderungen im Denken sowie die Folgen des Klimawandels immer mehr Menschen zu größerer Genügsamkeit bewegen werden. Wenn sie nur noch zweimal in der Woche Fleisch oder Fisch von dann auch hoher Qualität essen und sich zunehmend daran gewöhnen, ihre fleischliche Kost durch eine vegetarische und schließlich eine vegane Ernährung zu ersetzen, werden sie auf diesen Gebieten für Nachfrage sorgen. Dann wird auch das Angebot wachsen. Immer mehr Menschen, denen klar wird, dass diese Lebensweise das Leben von Tieren rettet und auf ökologischer

Ebene unendlich nachhaltiger ist als der Konsum tierischer Produkte, werden zu Veganern oder sogar zu «Animalisten» werden, weil das dann ein Kinderspiel sein wird.

Tiefgreifende Veränderungen von Produktionsweisen und Lebensstilen lassen sich nicht per Dekret verordnen. Sie müssen sehr genau durchdacht und formuliert werden, wobei man jedoch nie vergessen darf, dass stets der Kontext berücksichtigt werden muss, wenn man von der Theorie zur Praxis, vom Denken zum Handeln, von der Ethik zur Politik übergeht. Ohne die Macht der Gewohnheit und das Zusammenwirken unterschiedlicher Faktoren, die gemeinsam zur Orientierung einer Gesellschaft beitragen oder sie auf einen bestimmten Weg bringen, ändert sich gar nichts oder allenfalls der Termin eines Festtags.

Die Lebensbedingungen der wegen ihres Fleisches aufgezogenen Tiere lassen sich ganz generell nicht substanziell verbessern, wenn wir nicht an mehreren Fronten zugleich arbeiten: gemeinsam mit Fleischproduzenten, Verbrauchern und Handel. So kann man sich vorstellen, dass eine Politik, die nicht Quantität, sondern Qualität fördert, am Ende attraktiv sein und sich vielleicht sogar auch im Ausland durchsetzen wird, da die Verbraucher sich heute der Auswirkung der Ernährung auf ihre Gesundheit bewusst sind und deshalb wissen wollen, woher die von ihnen gekauften Produkte stammen.

Die Vergütungen für die Tierzüchter wären Teil einer Landwirtschaftspolitik, die ihre Ziele neu bewertete und über die bloße Nahrungsmittelproduktion hinaus auch die Erhaltung der Landschaft und die Entwicklung des ländlichen Raumes umfasste, die mehr sein sollten als bloße Freizeit- und Erholungsorte für Touristen. Statt den Tierzüchtern die Schuld zu geben, sollten wir ihre Bedeutung hervorheben und sie zu Verbündeten machen, wobei wir uns auf die bestehenden Zusammenhänge zwischen den Arbeitsbedingungen der Menschen, ihrer Selbstachtung und dem Gemeinwohl stützen können. Unsere Welt lässt sich nicht ohne das aufopferungsvolle Engagement der Menschen retten. Und die Wurzel dieser Hingabe ist die Liebe zu sich selbst und zur Welt.

Die Lebensbedingungen der Tiere werden sich also nur dann verbessern, wenn die Erzeuger diesem Ziel Priorität einräumen und der Staat sie darin unterstützt. Wenn die «Animalisten» in einigen Jahren immer mehr Anhänger gewonnen haben werden, ist es auch vorstellbar, dass sie die Gesellschaft davon überzeugen können, dass es nach der erfolgreichen Bewältigung der ersten Etappe, der schrittweisen Rückkehr zu extensiven Tierhaltung, an der Zeit ist, die zweite Etappe anzugehen: den Übergang zu einer Gesellschaft ohne jede Ausbeutung von Tieren und damit ohne Tierzucht.

Was die aktuellen Verhältnisse in den Schlachthöfen betrifft, so ist das ein Thema, das alle Bürger zutiefst schockiert. Es ist unabdingbar, dass die gesamte Produktionskette von der Aufzucht über den Transport bis zur Schlachtung der Tiere transparent gemacht wird, und der Transport darf in keinem Fall acht Stunden überschreiten. Die Transportzeiten werden sich ohnehin verkürzen, wenn das Fleisch nicht mehr von Tieren stammt, die unter verheerenden Bedingungen am anderen Ende der Welt aufgezogen wurden. Die Kontrollen in den Schlachthäusern müssen unbedingt ohne Ankündigung erfolgen, denn es handelt sich um Orte, an denen eine tödliche Gewalt herrscht, da dort Tiere, die leben wollen, getötet werden. Es ist eigentlich selbstverständlich, dass es in jedem Schlachthof einen Beauftragten geben sollte, der überprüft, ob die Tiere korrekt betäubt werden und die dazu erforderlichen Geräte ordentlich funktionieren.

Auch in der halal und koscheren Fleischproduktion muss eine reversible Betäubung durchgesetzt werden, in Zusammenarbeit mit Vertretern der betreffenden Religionen, die ebenso wie das Christentum nicht der Frage nach unserem Verhältnis zu den Tieren aus dem Weg gehen dürfen und auch nicht der Frage nach dem Leid, das ihr Tun und ihre religiösen Lehren den Tieren auferlegen.

Und schließlich muss das Personal, dem unsere Gesellschaft – oft für einen sehr geringen Lohn – die Tötung der Tiere überträgt, gut ausgebildet sein, insbesondere im Blick auf die Schmerzen und das Leiden der Tiere. Außerdem müssen die dort arbeitenden Menschen nach einigen Jahren den Beruf wechseln können. Angesichts dieser schwierigen, körperlich und psychisch belastenden Arbeit sollte niemand ohne ein vorhergehendes Gespräch mit einem Psychologen, einem Arbeitsmediziner und einem Spezialisten für Tierethik oder dem Vertreter einer Tierschutzorganisation in einem Schlachthof angestellt werden.

Manche meinen, man sollte in den Schlachthöfen Überwachungskameras installieren. Dadurch ließen sich zwar gewisse Missstände verhindern, aber das eigentliche Problem bliebe davon unberührt, die Tatsache nämlich, dass unsere Gesellschaft die Tiere wie Objekte behandelt, dass der Staat den Tierschutz und die Verbesserung der Lebensbedingungen von

Tieren nicht für seine Pflicht hält und dass die in den Schlachthäusern arbeitenden Menschen verachtet werden.

Auf diesem Gebiet wird es ohne einen entsprechenden politischen Willen und ohne ein Engagement der Bürger keine Fortschritte geben. Allen muss bewusst sein, dass die angestrebte Abschaffung der Intensivtierhaltung und die Überwachung der bei der Schlachtung herrschenden Bedingungen moralisch notwendig und sozial vorteilhaft sind. Denken wir an das Bild, das ein Staat böte, der entschlossen wäre, keinen Teil seiner Bevölkerung zurückzulassen. Er könnte den anderen Staaten vor Augen führen, dass der Weg des Fortschritts nicht über den Ultraliberalismus läuft, sondern über die strikte Reorganisation der Gesellschaft wie auch der Wirtschaft und über den Einsatz für Qualität, für die Achtung aller und für gute Arbeit.

3. Innovationen in der Küche, in der Mode und bei Tierversuchen

Alle oben vorgeschlagenen Maßnahmen können Gegenstand konkreter Forderungen sein, die eine «animalistische» politische Partei stellen könnte, aber auch jede andere Partei und jeder Kandidat, die dieser edlen Sache dienen möchten, die zugleich auch Sache der Menschheit ist. Diese Maßnahmen werden jedoch nichts bewirken ohne die Initiative der Unternehmer in zahlreichen Sektoren der Wirtschaft und ohne Anstöße durch kreative Menschen.

Wir brauchen Küchenchefs, ob mit Stern oder ohne, die

in der Lage sind, ohne Fleisch, Fisch oder andere tierische Produkte zu kochen, und die uns zeigen, was man alles mit Gemüse, Getreide, Hülsenfrüchten, pflanzlichem Eiweiß wie Seitan oder Tofu und mit Gewürzen zubereiten kann. Es ist unverzichtbar, dass in allen Städten und Dörfern Frankreichs vegane Restaurants eröffnet und überall vegetarische oder vegane Gerichte angeboten werden, von den Bistros über Kantinen und Krankenhäuser bis hin zum Elysée. Das Angebot wird immer weiter wachsen, wenn nur jeder weiß, dass man fleischlos speisen, daran Freude finden und dabei vollkommen gesund bleiben kann.

Wir sollten nicht nur alle lernen, fleischlose Gerichte zuzubereiten, dieser Lernprozess, der über die Wiederaneignung der Traditionen erfolgt, sollte seinen Platz auch in der Schule finden und kostenlos angeboten werden. Und schließlich könnten Teile der Agrar- und Nahrungsmittelindustrie Produkte anbieten, die verführerische Alternativen zu Fleisch und Fisch darstellen. Das etwa macht das Unternehmen *Beyond Meat* in den Vereinigten Staaten. Es wäre gut, wenn auf diesem Gebiet Ansätze entwickelt würden, die eher dem Geschmack und der Kultur unseres Landes entsprächen.

Die Mode ist ein äußerst wichtiger Wirtschaftssektor, und jede Innovation, die es möglich macht, Schafwolle, Leder oder Naturseide zu ersetzen, ließe sich leicht durch Werbung verbreiten. Es muss leicht und angenehm sein, sich zu kleiden, ohne bei Textilien und Schuhen auf Erzeugnisse tierischen Ursprungs zurückzugreifen. Ebenso gilt es, Alternativen für Tierversuche zu fördern, bei denen es darum geht, kosmetische Produkte zu testen und Allergien zu vermeiden.

In der Medizin gibt es jetzt schon Alternativen zu Tierversuchen. Von denen, die sich bereits bewährt haben, seien hier drei genannt, die sich im Bericht des *Groupement d'intérêt scientifique Francopa* aus dem Jahr 2007 finden: *Ex-vivo*-Versuche an tierischem oder menschlichem Gewebe, das aus Gewebebanken oder chirurgischen Abfällen stammt; *In-vitro*-Methoden, die den modellhaften Einsatz für bestimmte Gewebetypen (wie menschliche Haut oder Hornhaut) repräsentativer Zellkulturen umfassen, sowie Methoden der physikalischen Chemie; *In-silico*-Methoden, die sich auf biomathematische Modelle stützen, deren Datenbasis aus Versuchsergebnissen stammt und die es erlauben, die Aufnahme, Verarbeitung und Ausscheidung von Stoffen zu untersuchen oder bei der Entwicklung neuer molekularer Therapeutika deren Toxizität vorauszusagen.

In den meisten Fällen ist es für Unternehmen oder Labors einfacher und billiger, Tiere zu kaufen und zu halten, als in die Entwicklung solcher Alternativen zu investieren. Deshalb gilt es, die verschiedenen Akteure zu bewegen, mehr Mittel in diese Alternativen zu stecken, indem man sie finanziell unterstützt, indem man Erzeugnisse, die ohne Tierversuche getestet wurden, aufwertet und indem man die Forscher durch entsprechende Zuschüsse und Belohnungen motiviert, sich wirklich auf diesem Gebiet zu engagieren. Die in Forschungslabors, Industrie und Universitäten verlangte Transparenz wird dann zu einem echten Trumpf für die aufrechtesten unter ihnen werden. Und schließlich muss alles für die Wiedergenesung der Versuchstiere getan werden, etwa jener Beagles, um die sich der Verein *Graal* kümmert: Statt diese Hunde, die wegen ihrer mittleren Größe und ihres gutmütigen Charakters gerne eingesetzt werden, dazu zu verdammen, ihr Leben lang als Labormaterial benutzt zu werden, könnte man dafür sorgen, dass sie von einer netten Familie adoptiert werden.

Ein Land, das eine führende Rolle beim Übergang zu einer gegenüber den Tieren gerechten Gesellschaft übernähme, könnte auch auf wirtschaftlicher Ebene viel gewinnen. Denn die Zahl der Menschen, die sich um das Schicksal der Tiere sorgen und den Verbrauch tierischer Erzeugnisse verringern möchten, nimmt ständig zu. Auch die von der Erderwärmung diktierten Erfordernisse schaffen eine Nachfrage. Hier bieten sich daher beträchtliche Chancen für Branchen und Unternehmen, die Innovationen anbieten können.

4. Verschärfung des Tierschutzes

Bislang stehen die Tierschutzvereinigungen praktisch allein da mit ihren Bemühungen, misshandelte Tiere zu beschützen, indem sie auf diese Misshandlungen hinweisen, Tiere retten und Gerichtsverfahren einleiten, in denen sie als Nebenkläger auftreten. Ohne sie gingen die misshandelten Hunde, die in einen Müllsack gesteckten oder in die Mülltonne geworfenen Katzen, die verhungernden Pferde und die ausgesetzten Tiere in allgemeiner Gleichgültigkeit zugrunde.

Es ist wichtig, die Strafen für die Misshandlung von Tieren zu verschärfen, und allen, die solche Delikte begangen haben, zu verbieten, jemals wieder Tiere zu halten. Dasselbe gilt für alle, die vom Handel mit exotischen Tieren leben oder die solche Tiere kaufen und sie dann oft schon nach kurzer Zeit aussetzen. Der Schwarzhandel mit Heimtieren, die in den Ländern des Ostens in veritablen Tierfabriken aufgezogen werden, muss gleichfalls unterbunden werden. Im Idealfall ist die Adoption eines Heimtiers dessen Kauf vorzuziehen, weil es in den Tierheimen zahlreiche Tiere gibt und auch weil bei Tieren, die gehandelt werden, stets ein höheres Ausbeutungsrisiko besteht.

Es ist notwendig, dass Anwälte, Richter und Polizei mehr wissen über die Misshandlung von Tieren und über Möglichkeiten, etwas für sie zu tun. Einige könnten sich sogar auf den Tierschutz spezialisieren wie die *Animal cruelty prosecutions unit* der New Yorker Polizei, die bei ausgesetzten und misshandelten Tieren die Ermittlungen übernimmt.

Die Vereine, die wertvolle Informationen zu all diesen Themen bereitstellen und oft auch ausgezeichnete Juristen in ihren Reihen haben, werden weiterhin ihre Arbeit machen, doch die Tiere und ihre Belange sollten in der Bildung und Erziehung aller Mitglieder der Gesellschaft einen Platz haben. Jeder Mensch sollte in der Schule und in seinem weiteren Leben für die Belange der Tiere sensibilisiert werden.

5. Erziehung, Bildung und Kultur

Der Schlüssel dafür, das Los der Tiere zu verändern, liegt in der Politik. Die Schaffung einer gegenüber den Tieren gerechten Gesellschaft, gerade auch mit Unterstützung der verschiedenen Wirtschaftsbereiche, ist eine politische Entscheidung, und genau deshalb muss die Sache der Tiere politisiert werden. Politisches Handeln hat mehrere Dimensionen. In einer Demokratie, die auf dem Konsens der Bürger basiert, vermag die Bildungsdimension die beiden anderen Dimensionen, die mit politischen Zielen verbundene normative und die institutionelle Dimension, zu umfassen.

Ohne eine starke, die Lebenskräfte der Gesellschaft vereinende und von Künstlern und Intellektuellen getragene Bewegung wird der Kampf für die Befreiung der Tiere erfolglos bleiben. Wann immer soziale und politische Fortschritte erzielt wurden, in der Französischen Revolution, in der Aufklärung, in der Dekolonisierung, in der Emanzipationsbewegung der Frauen, waren Kultur und Erziehung die Hauptstützen dieser Entwicklungen. Sie sind die Säulen der Gerechtigkeit.

Deshalb ist es von entscheidender Bedeutung, dass Kinder und Jugendliche in Krippe und Kindergarten, in den Grundschulen und dann in den weiterführenden Schulen den Reichtum tierischer Existenz kennenlernen und jene Sensibilität entwickeln, die ihnen Achtung vor den anderen Lebewesen und Mitgefühl vermittelt. In den weiterführenden Schulen und an den Universitäten müssen Tierethik und Ethologie ebenso unterrichtet werden wie Geschichte oder Englisch.

Gemäß ihrem Auftrag, sich gegenüber der Welt zu öffnen, müssen die Universitäten für die ständige Weiterbildung der Lehrenden und Lernenden in den verschiedenen Studiengängen sorgen, indem sie diese in direkten oder indirekten Kontakt zu Tieren bringen. So könnten die medizinischen und veterinärmedizinischen Fachbereiche einige Tage im Monat Fachleute für Tierethik einladen, damit sie ihr Wissen und

Denken mit den Studenten teilen. Tierzüchter und das Personal der Schlachthöfe, aber auch Menschen aus der Nahrungsmittelindustrie und der Modebranche müssen in ihrer beruflichen Laufbahn mehrmals Gelegenheit haben, mit Ethologen und mit Vertretern der Human- und der Sozialwissenschaften zu diskutieren, die sich mit der Tierfrage beschäftigt haben.

Solche Bildungsanstrengungen werden schon kurzfristig, aber vor allem auf lange Sicht Früchte tragen, insbesondere dank der jungen Leute, die im Laufe ihres schulischen und universitären Werdegangs begriffen haben, dass die Sache der Tiere auch die Sache der Menschheit ist.

6. Eine Bewegung ist entstanden

In Frankreich, Deutschland und in vielen anderen Ländern überall in der Welt ist eine Bewegung entstanden.

Die «Animalisten» sind Bürger, zugleich jedoch auch Freunde der Tiere in aller Welt und der Menschen, die allenthalben für eine Verbesserung der Lebensbedingungen anderer empfindungsfähiger Lebewesen und für die Schaffung einer gerechteren Gesellschaft kämpfen. Im Internet kursieren Ideen dazu, und es erscheinen immer mehr Bücher, die die Botschaft verbreiten, dass die Sache der Tiere von historischer Bedeutung ist.

Auch wenn im Augenblick Gegenkräfte – verbunden mit einflussreichen Gruppen, mit der Tyrannei der Gewohnheit und vor allem mit dem Wirtschaftssystem, das die Deregulierung auf die ganze Welt ausweiten möchte – Milliarden von

Tieren ein höllisches Leben und den sie ausbeutenden Menschen Arbeitsbedingungen aufzwingen, die schädlich für ihre Gesundheit und ihre Selbstachtung sind, gehört die Zukunft jenen, die ihre Mitmenschen mahnen, immer weniger tierische Produkte zu konsumieren, sich mit sich selbst und den übrigen empfindungsfähigen Lebewesen zu versöhnen und vom Zeitalter der Trostlosigkeit ins Zeitalter der Achtung vor dem Leben überzugehen.

Dieser Übergang ist eine Revolution. Sie diktiert nicht die Unterwerfung einer Klasse unter eine andere, sondern wendet sich grundsätzlich gegen jegliche Ausbeutung. Es handelt sich um eine grundlegende Veränderung der Gesellschaft, um den Übergang in eine andere Phase der Zivilisation. Die Stunde dieses Übergangs ist gekommen.

«Animalisten» aller Länder, aller Parteien und aller Konfessionen, vereinigt euch! Vereinigt eure Kräfte, damit die Lebensbedingungen der Tiere sich hier und jetzt verbessern und ihre Ausbeutung eines Tages ein Ende findet. Vereinigt euch auch mit denen, die keine «Animalisten» sind. Kämpft gegen die Misshandlung der Tiere, setzt euch für die Liebe zu allen Lebewesen, menschlichen wie nichtmenschlichen, und für Gerechtigkeit ein. Die Sache der Tiere ist universell. Sie gehört allen. Indem wir den Tieren Gerechtigkeit widerfahren lassen, retten wir unsere Seele und sichern wir unsere Zukunft. Eine ganze Welt können wir dadurch gewinnen.

GLOSSAR

Abolitionismus: Der ursprünglich für die Abschaffung der Sklaverei geprägte Ausdruck bezeichnet heute einen Zweig der Tierethik, der die vollständige Abschaffung der Ausbeutung von Tieren und damit aller Praktiken fordert, bei denen Tiere als Mittel für menschliche Zwecke eingesetzt werden (Tierzucht, Tierversuche, Domestizierung). Er wendet sich gegen den bloßen Welfarismus und steht an der Seite des Veganismus.

Anthropozentrismus, anthropogener und anthropozentrischer: In einer anthropozentrischen Moral besitzen die übrigen Lebewesen und die Natur nur einen instrumentellen Wert. Alles dreht sich um den Menschen, der allein einen Eigenwert besitzt und einen Zweck an sich darstellt. Die Auffassung wird von der in den 1970er Jahren entstandenen Umwelt- und Tierethik kritisiert. Die Ablehnung des Anthropozentrismus geht einher mit dem Antispeziesismus und der Zuweisung eines Eigenwerts an nichtmenschliche Entitäten. Da der Eigenwert der Natur und der Tiere jedoch von Menschen anerkannt wird, sagt man, ihr Wert sei anthropogen, das heißt von Menschen zugewiesen, aber nicht von ihrem Nutzen für den Menschen abhängig (anthropozentrisch).

Antispeziesismus, antispeziesistisch: Aus dem Begriff des Speziesismus abgeleiteter Ausdruck. Der Antispeziesismus behauptet, die Ungleichheit in der Berücksichtigung der Interessen von Tieren und Menschen beruhe auf einem Vorurteil und sei eine Form von Diskriminierung. Eine gleiche Berücksichtigung der Interessen von Menschen und nichtmenschlichen Lebewesen bedeutet indessen keine Gleichbehandlung, weder der Tiere wie der Menschen noch der verschiedenen Tierarten. Man hat den Antispeziesismus oft dem Humanismus entgegengestellt, doch der Antispeziesismus behauptet keine Gleichheit von Mensch und Tier. Er ist auch keineswegs unvereinbar mit der These, dass wir Verantwortung für die übrigen Lebewesen tragen, eine Verantwortung, die den asymmetrischen Charakter unseres Verhältnisses zu ihnen unterstreicht und keine Reziprozität bedeutet.

Befähigung (*capability*)**:** Die Befähigung, etwas zu einem bestimmten Zeitpunkt zu tun. Dabei betrachtet man die Bedingungen, die es einem Einzelnen erlauben, die Güter und Dienstleistungen, auf die er Anrecht hat, tatsächlich zu nutzen. Der von Amartya Sen begründete Befähigungsansatz verlangt, dass man nicht nur die Ungleichheit im Einkommen und in formalen Rechten misst, sondern fragt, was den Einzelnen hindert, diese Rechte auch in «funktionierende Befähigungen» zu verwandeln. So verlangt Gerechtigkeit nicht die Gleichheit der Realisierungen, sondern die Gleichheit der Befähigungen und fordert, dass die Menschen nicht aufgrund einer Behinderung oder des Alters ihres Anspruchs (*entitlement*) auf Zugang zu Gütern und Dienstleistungen beraubt werden. Dieser Ansatz lädt dazu ein, über staatliche Strukturen (Bildung, Verkehr, Gesundheit usw.) nachzudenken, die dafür sorgen, dass die Menschen nicht nur formale, sondern reale Rechte besitzen.

Denkender Akteur: Ein moralischer Akteur, der unter anderem eine Vorstellung vom Guten besitzt und sie öffentlich zum Ausdruck bringen könnte.

Eigenwert: Im Unterschied zu einem bloß instrumentellen Wert kommt ein Eigenwert solchen Lebewesen und Entitäten zu, die ihren Wert in sich selbst haben, ganz unabhängig von dem Nutzen, den man möglicherweise aus ihnen ziehen kann. Sie sind zugleich jeweils ein Endzweck und keine bloßen Mittel.

Empfindungsvermögen: Die Fähigkeit eines Lebewesens, Erfahrungen zu machen und in subjektiver Weise Schmerz, Lust oder Leid zu empfinden. Empfindungsfähige Lebewesen sind Individuen. Sie haben eine Lebensgeschichte und Präferenzen statt nur Interessen im Zusammenhang mit ihrem Überleben und den Normen ihrer jeweiligen Spezies. Sie leben – wie Menschen und Tiere – in der ersten Person Singular.

Ethologie, ethologisch, Ethologe: Ein Zweig der Zoologie, der 1854 von dem Naturforscher Geoffroy Saint-Hillaire begründet wurde und das Verhalten von Tieren erforscht. Zu ihren prägenden Vertretern gehörten neben anderen Charles Darwin, Jean-Henri Fabre, Jakob von Uexküll, Adolf Portmann, Karl von Frisch, Konrad Lorenz und Nikolaas Tinbergen. Die Ethologie führt uns die Komplexität und den Reichtum der Tiergesellschaften und der Tiere vor Augen. Die Tiere lassen sich nicht als bloße Maschinen begreifen oder auf einen kausalen Determinismus reduzieren, vielmehr sind ihre Existenz und ihr Verhalten Ausdruck ihres subjektiven Verhältnisses zu ihrer Umwelt und zu anderen Lebewesen, aber auch ihrer Grundbedürfnisse, die den Normen ihrer Spezies oder ihren ethologischen Normen entsprechen. Wir dürfen die Ethologen nicht mit den Tierzuchttechnikern verwechseln. Die Ethologen sind Wissenschaftler, die Tiere beobachten, um deren Verhalten zu erforschen, während die Tierzuchttechniker Agroingenieure sind, die nach Wegen zur Verbesserung der Tierproduktion suchen, das heißt, ihre Einschätzung des Wohlbefindens der Tiere soll sicherstellen, dass die in der Tierzucht und den Labors benutzten Tiere die dortigen Lebensbedingungen vertragen und dass die Produktivität gegebenenfalls gesteigert werden kann.

Handlungsfähigkeit (*agency*)**:** Fähigkeit, seinen Interessen und individuellen Präferenzen Ausdruck zu verleihen. Mit Handlungsfähigkeit ausgestattete Tiere sind moralische Akteure, aber deshalb nicht auch Personen, das heißt Subjekte, denen man die Verantwortung für ihr Tun zuweisen könnte, und auch keine denkenden Akteure, denen eine unmittelbare Teilnahme an Debatten möglich wäre, die kollektiven Entscheidungen vorangehen.

Intensive und extensive Tierhaltung: In der in den Industrieländern vor allem nach dem Zweiten Weltkrieg entstandenen Intensivtierhaltung geht es darum, die Erträge zu steigern, indem man in den Betrieben die Tierdichte erhöht und die artgerechten Anforderungen an die Umwelt reduziert. Die Tiere werden eingesperrt, und man missachtet ihre Grundbedürfnisse oder ethologischen Normen, etwa das Bedürfnis von Schweinen, im Boden zu wühlen, oder von Hühnern, ihre Flügel auszubreiten. Die gelegentlich mit Konzentrationslagern verglichene Intensivtierhaltung unterscheidet sich von der extensiven Tierhaltung, in der die Halter den Tieren in kleinen oder mittelgroßen Betrieben Lebensbedingungen bieten, die vergleichsweise eher ihren artspezifischen Ansprüchen genügen. In Frankreich erreicht die Intensivtierhaltung einen Anteil von 80 Prozent.

Kulturfolger: Tiere, die keine Verbindung zum Menschen aufnehmen wollen und in den meisten Fällen nicht domestiziert werden können. Sie lassen sich in der Nähe des Menschen nieder, weil sie dort Nahrung finden. Sie teilen mit uns den Lebensraum, zum Beispiel in Wäldern und Gärten. Diese Gruppe, die sich von denen der Haustiere und der Wildtiere unterscheidet, ist groß und heterogen. Sie umfasst unter anderem Nagetiere, Füchse und Eichhörnchen.

Moral patient: Ein *moral patient* (Objekt statt Subjekt moralischer Erwägungen, gleichsam ein moralisch Behandelter im Unterschied zum moralisch Handelnden) ist ein Wesen, gegenüber dem wir in der Verantwortung stehen. Lange glaubte man, die Tiere hätten keinen Anspruch auf unsere moralische Beachtung und seien daher keine *moral patients*. Allenfalls hätten wir indirekte Pflichten gegenüber den Tieren, denn Gewalt gegen Tiere sei eines Menschen unwürdig und müsse deshalb nicht um der Tiere willen verdammt werden, sondern weil sie der erste Schritt zu Gewalt gegen Menschen sei. Für die ersten Vertreter der Tierethik wie Tom Regan sind die Tiere zwar *moral patients*, aber keine moralischen Akteure – im Unterschied zu der hier vertretenen Auffassung, wonach ein moralischer Akteur nicht unbedingt auch eine Person und ein denkender Akteur sein muss, sondern lediglich über Handlungsfähigkeit zu verfügen braucht.

Speziesismus, speziesistisch: Dieser 1971 von dem Oxforder Psychologen Richard Ryder geprägte Ausdruck bezeichnet die Vorstellung, die der Spezies Mensch eine überragende Stellung zuweist. Für die Speziesisten ist die Zugehörigkeit zur menschlichen Gattung eine notwendige Voraussetzung für einen moralischen Status. Der Begriff ist pejorativ. Er will sagen, dass es sich um eine auf der Spezies basierende Diskriminierung handelt, die ebenso ungerecht ist wie Rassismus und Sexismus.

Stereotypien: Bewegungen oder Gebärden ohne Sinn und Zweck bei Tieren in der Intensivtierhaltung oder bei anderen Tieren, die in Gefangenschaft gehalten werden. Sie zeugen von großem psychischen Leid. Beispiele sind Schweine, die an den Gitterstäben kauen, oder Zirkuselefanten, die unablässig den Kopf hin- und herbewegen.

Subjektivität, Subjektcharakter: Als ein Subjekt gilt ein Wesen, das individuiert ist und über eine Ich-Struktur verfügt. Der Subjektcharakter erfordert nicht notwendig auch Reflexionsvermögen. Man kann ein Ich sein, ohne ein denkendes Ich zu sein.

Tierschutzvereinigungen: Zuerst im 19. Jahrhundert entstanden, hauptsächlich in Großbritannien, erhöht sich ihre Zahl gegenwärtig in der ganzen Welt. Sie schützen Nutz- und Heimtiere vor Misshandlungen, bieten in Not geratenen Tieren eine Heimstatt und führen bei Bedarf Gerichtsprozesse. Sie versuchen, die Öffentlichkeit zu sensibilisieren, und setzen sich dafür ein, dass die Tierschutzgesetze tatsächlich angewendet oder verändert werden. Ihre Methoden, ihre Philosophie und ihre Ziele sind nicht allenthalben dieselben. Manche Vereinigungen widmen sich im Rahmen des Tierschutzes ganz speziellen Problemen, etwa der Abschaffung des Stierkampfs oder dem Kampf gegen Tierversuche.

Tierwohl: Der *Farm Animal Welfare Council* (FAWC) formulierte 1992 fünf für das Tierwohl grundlegende Rechte: Freiheit von Hunger, Durst und Unterernährung; geeignete Unterkünfte und Komfort; Freiheit von Krankheit und Verletzungen; Freiheit von Angst; die Möglichkeit, arttypisches Verhalten zum Ausdruck zu bringen. Einige Ethiker fügen dem noch Geselligkeit und Achtung vor der Integrität des Tieres hinzu, die auf dessen Eigenwert und seine Entwicklungsgeschichte verweisen.

Utilitarismus: Ethischer Ansatz auf der Grundlage einer Moral, die auf der Maximierung des Wohlergehens und einer Berechnung von Lust und Leid basiert. Eine Handlung ist gut, wenn sie einer möglichst großen Zahl von Menschen größtmögliches Wohlergehen beschert; sie ist schlecht, wenn sie einer großen Zahl empfindungsfähiger Lebewesen, darunter auch Tieren, viel und intensives Leid bringt. Der Begründer dieses Ansatzes war Jeremy Bentham (1748–1832); zu seinen modernen Nachfolgern gehört Peter Singer.

Veganismus: Der 1944 von den Gründern der *Vegan Society* geprägte Ausdruck verweist auf ein Moralverständnis und eine entsprechende Lebensweise, die keinerlei Erzeugnisse oder Dienste zulassen, die von Tieren oder aus deren Ausbeutung stammen. Eine vegane Ernährung umfasst keinerlei Produkte tierischen Ursprungs, weder Milch noch Eier, Muscheln oder Bienenhonig. Sie unterscheidet sich von der vegetarischen Ernährung, die lediglich Fleisch und Fisch ausschließt. Die vegane Lebensweise verlangt also, dass man in allen Lebensbereichen auf Erzeugnisse tierischen Ursprungs verzichtet, ob nun in der Kleidung (Schafwolle, Seide, Leder, Federn) oder bei Freizeitbeschäftigungen oder auf sonstigen Gebieten (etwa in der Kosmetik). Die Veganer sind auch gegen die Nutzung von Tieren zu therapeutischen Zwecken, zum Beispiel den Einsatz von Blindenhunden. Eine vegane Ernährung ist für alle möglich, seit 1948 das Vitamin B 12 entdeckt wurde, das inzwischen künstlich hergestellt wird und das Veganer in konzentrierter Form zu sich nehmen müssen, um Mangelerscheinungen vorzubeugen.

Welfarismus: Der Ausdruck stammt vom englischen *welfare* (Wohlfahrt) und bezeichnet eine Strömung innerhalb der Tierethik, die sich nicht wie der Abolitionismus für eine vollständige Abschaffung der Ausbeutung von Tieren einsetzt, sondern lediglich für eine Verbesserung ihrer Lebensbedingungen.

Zoopolis: Der 1998 von Jennifer Wolch geprägte Ausdruck bezeichnet eine urbane Umweltethik, die auf einer gemischten, aus Menschen und nichtmenschlichen Lebewesen bestehenden Gemeinschaft insistiert. Bei S. Donaldson und W. Kymlicka ist diese faktische Gemeinschaft zugleich auch eine politische. Unsere Beziehungen zu den Tieren und deren Handlungsvermögen bestimmen unsere konkreten Verpflichtungen ihnen gegenüber und verleihen ihren Rechten einen positiven Inhalt. In meinem Buch *Wovon wir leben* wie in diesem Manifest setzt der Ausdruck Zoopolis außerdem voraus, dass die Prinzipien der Gerechtigkeit nicht mehr nur ausschließlich im Blick auf den Nutzen für den Menschen definiert werden. In unserer Lebensweise und in unserer Politik müssen auch die Interessen der Tiere berücksichtigt werden. Unsere Politik ist stets zugleich auch Zoopolitik, da unser Tun direkte oder indirekte Auswirkungen auf die Tiere hat, aber es geht heute darum, eine gegenüber den Tieren gerechtere Gesellschaft zu schaffen.

LITERATUR

Arendt, Hannah, *The Origins of Totalitarianism*, New York 1951; dt.: *Elemente und Ursprünge totaler Herrschaft*, München 1986.

-- ,*The Human Condition,* Chicago 1958; dt.: *Vita activa oder vom tätigen Leben*, Stuttgart 1960.

Bentham, Jeremy, *Eine Einführung in die Prinzipien der Moral und Gesetzgebung*, Saldenburg 2013.

Derrida, Jacques, *L' animal que donc je suis*, Paris 2006; dt.: *Das Tier, das ich also bin*, Wien 2010.

Descartes, René, «Lettre à Élisabeth du 15 septembre 1645», *Œuvres philosophiques*, hg. von Ferdinand Alquié, Bd. III, Paris 1998, S. 605–609; dt. in *Der Briefwechsel zwischen Elisabeth von der Pfalz und René Descartes*, hg. von Sabrina Ebbersmeyer, Paderborn 2015, S. 89–94.

Donaldson, Sue, und Will Kymlicka, *Zoopolis. A Political Theory of Animal Rights*, Oxford 2011; dt.: *Zoopolis. Eine politische Theorie der Tierrechte*, Berlin 2013.

Fontenay, Élisabeth de, *Le silence des bêtes. La philosophie à l'épreuve de l'animalité*, Paris 1998.

Hobbes, Thomas, *Leviathan oder Wesen, Form und Gewalt des kirchlichen und bürgerlichen Staates*, Reinbek bei Hamburg 1965.

Jougla, Audrey, *Profession: animal de laboratoire*, Paris 2015; dt.: *Beruf: Versuchskaninchen. Vom Leben und Sterben der Labortiere*, Baunach 2018.

The Collected Works of Abraham Lincoln, hg. von Roy P. Basler, Marion Dolores Pratt und Lloyd A. Dunrap, 8 Bde., New Brunswick, NJ, 1953.

Linzey, Andrew (Hg.), *The Link between Animal Abuse and Human Violence*, Brighton 2009; frz.: *Violence envers les animaux et les humains. Le lien*, (One Voice) 2011.

Pelluchon, Corine, *Éléments pour une éthique de la vulnérabilité. Les hommes, les animaux, la nature*, Paris 2011.

--, *Les nourritures. Philosophie du corps politique*, Paris 2015; dt.: *Wovon wir leben. Eine Philosophie der Ernährung und der Umwelt*, Darmstadt 2020.

Platon, «Der Staat», in ders., *Sämtliche Werke*, hg. von Erich Loewenthal, 3 Bde., Darmstadt 2010, Bd. II.

Rawls, John, *A Theory of Justice*, Cambridge 1971; dt.: *Eine Theorie der Gerechtigkeit*, Frankfurt am Main 1975.

Regan, Tom, *The Case for Animal Rights*, Berkeley 1983.

Rilke, Rainer Maria, «Der Panther», in ders., *Neue Gedichte*, Leipzig 1907.

Sen, Amartya, *Inequality Reexamined*, Oxford 1992.

Singer, Peter, *Animal Liberation*, New York 1975; dt.: *Animal Liberation. Die Befreiung der Tiere*, Reinbek bei Hamburg 1996.

Strauss, Leo, «On German Nihilism» (1941), *Interpretation*, Jg. 26, Nr. 3 (1999), S. 353–378.

Im Internet

The Collected Works of Abraham Lincoln: http://quod.lib.umich.edu/l/lincoln/

Bericht des Groupement d'intérêt scientifique Francopa (Plateforme nationale pour le développement des méthodes alternatives en expérimentation animale): http://www.francopa.fr/web/francopa?page=home&out=txt&language-Ihm=fre

Verein für vegane Ernährung (französisch): http://www.societevegane.fr

World Watch Institute, State of the World, Special Focus, The Consumer Society, New York, Norton, 2004: http://www.worldwatch.org/node/549